Na liberdade da solidão

Dados Internacionais de Catalogação na Publicação (CIP)
(Câmara Brasileira do Livro, SP, Brasil)

Merton, Thomas, 1915-1968.
　Na liberdade da solidão / Thomas Merton ; tradução
Companhia da Virgem. – 8. ed. – Petrópolis, RJ : Vozes, 2023. –
(Série Clássicos da Espiritualidade)

　Título original: Thoughts in solitude.

　ISBN 978-655-5713-811-3

　1. Igreja Católica – Doutrinas – Meditações 2. Meditações
3. Merton, Thomas, 1915-1968 4. Solidão : Aspectos religiosos –
meditações 5. Vida espiritual I. Título.

01-2278   CDD-248.47

Índices para catálogo sistemático:
1. Solidão : Ascetismo : Meditações : Cristianismo 248.47

Thomas Merton

Na liberdade da solidão

Tradução
Monjas do Mosteiro da Virgem, Petrópolis, RJ

Petrópolis

© 1956, 1958 by the Abbey of Our Lady of Gethsemani

Tradução realizada a partir do original em inglês intitulado
Thoughts in Solitude

Direitos de publicação em língua portuguesa – Brasil:
2001, 2023, Editora Vozes Ltda.
Rua Frei Luís, 100
25689-900 Petrópolis, RJ
www.vozes.com.br
Brasil

Todos os direitos reservados. Nenhuma parte desta obra poderá ser reproduzida ou transmitida por qualquer forma e/ou quaisquer meios (eletrônico ou mecânico, incluindo fotocópia e gravação) ou arquivada em qualquer sistema ou banco de dados sem permissão escrita da editora.

CONSELHO EDITORIAL

Diretor
Volney J. Berkenbrock

Editores
Aline dos Santos Carneiro
Edrian Josué Pasini
Welder Lancieri Marchini
Marilac Loraine Oleniki

Conselheiros
Elói Dionísio Piva
Francisco Morás
Gilberto Gonçalves Garcia
Ludovico Garmus
Teobaldo Heidemann

Secretário executivo
Leonardo A.R.T. dos Santos

Diagramação: Sheilandre Desenv. Gráfico
Revisão gráfica: Michele Guedes Schmid
Capa: Editora Vozes
Ilustração de capa: Lúcio Américo

Nota do editor:
A reedição desta obra é resultado de um projeto da Editora Vozes juntamente com a Associação Thomas Merton – Brasil, para manter disponível ao público de língua portuguesa o legado espiritual de Thomas Merton.

ISBN 978-65.5713- 811-3 (Brasil)
ISBN 978- 03-7451-325-2 (Estados Unidos)

Este livro foi composto e impresso pela Editora Vozes Ltda.

Sumário

Apresentação, 7

Introdução: O Peso das almas, 11

Nota do autor, 15

Prefácio, 17

Parte I
Aspectos da vida espiritual, 21

Parte II
O amor à solidão, 73

Apresentação

As páginas deste pequeno livro – que é um dos mais importantes escritos de Thomas Merton – iluminam os recônditos da vida interior, lá onde acalentamos um visceral desejo de assumir uma solitária jornada e de abrir caminho até o próprio mistério. Somos inspirados a pensar que, a partir das reflexões contidas nesta obra, o percurso não é uma impossibilidade, a chegada ao destino é viável e aponta para o reconhecimento de que somos uma só realidade com o Mistério de Deus.

A liberdade é um dos mais claros sinais de descoberta deste pertencimento ao Mistério que tudo envolve. A solidão, por sua vez, fortalece o vínculo sobrenatural com Deus. Mas como isso ocorre concretamente? Merton nos ajuda a chegar às seguintes respostas:

a) Na contemplação nos encontramos com Deus e nesta convergência descobrimos nossa liberdade mais profunda. É na oração verdadeira – que nasce na contemplação – que emergimos do nosso servilismo para a liberdade em Deus. Em outras palavras: ser livre é experimentar nosso eu mais profundo, nossa identidade secreta e, a partir dela, viver o desprendimento de toda aparência, expectativa e ficção.

b) Pode-se pensar em solidão como um tempo-espaço em que uma pessoa pode estar só, consciente da presença de Deus. Os que são chamados à solidão a experimentam, inicialmente, como disposição e depois como necessidade. A grande confusão que se faz na vida espiritual diz respeito à distinção entre solidão interna e externa. A verdadeira solidão é a do coração. O exterior, sem a realidade íntima de um coração silencioso e indiviso, é simplesmente uma paródia da solidão.

Posto isso, chegamos ao ano da graça de 1953, numa das ordens religiosas mais austeras do catolicismo, até um jovem monge de estrita observância que procura seu abade para pedir-lhe mais solidão. Com 38 anos de idade e já mundialmente conhecido pelos livros publicados, Thomas Merton insiste com Dom James Fox, com quem mantinha uma relação bastante conflituosa, a ampliação do horário para usufruto de seus momentos de solidão. Se por mérito ou insistência, o fato é que Merton obteve permissão para usar um pequeno galpão de madeira abandonado na floresta do mosteiro como sendo seu "eremitério", o qual chamou de *"Santa Ana"*. Foi aí que fez as principais anotações de *Na liberdade da solidão*.

A obra segue o estilo de *Novas sementes de contemplação* e *Homem algum é uma ilha,* com breves meditações em trinta e sete capítulos. Na introdução, Dom Timóteo Amoroso Anastácio, OSB, afirma se tratar de uma "condensada substância de reflexões" inspirada pela solitude. Já no prefácio, o autor revela que o livro aborda "pensamentos sobre a vida contemplativa, intuições fundamentais que, no momento em que foram colhidos, pareciam de importância básica".

Na primeira parte, *Aspectos da vida espiritual*, Merton desenvolve a ideia do desejo pela virtude sem ter ainda alcançado. Mas como desejar algo sem ter experimentado antes? Ele responde: "A graça de Deus, por Cristo Nosso Senhor, produz em nós um desejo da virtude que já é uma experiência antecipada dela. Torna-nos capazes de 'gostar' da virtude, antes mesmo de a possuirmos plenamente".

A segunda parte chama-se *O amor à solidão;* é onde encontramos a mais linda e incisiva, conhecida e recitada oração de Thomas Merton: *"Senhor meus Deus, eu não sei para onde vou. Não vejo o caminho diante de mim (...) Mas creio que o desejo de te agradar te agrada realmente".* Ademais, dentre os temas importantes tratados nesta sessão, ganha destaque a defesa que o autor faz da solidão do eremita; como que cavando um curso de rio, Merton pormenoriza sólidos argumentos que o levarão a viver definitivamente no Eremitério cerca de 10 anos depois da publicação da presente obra.

Muitos são os eremitas urbanos em seus apartamentos que anseiam por retiros e mais ocasiões de silêncio. Querem o deserto para estancar a sede de Deus. Desejam o verdadeiro ascetismo para serem encontrados pelo Senhor. A leitura de *Na liberdade da solidão* é, portanto, inevitável àqueles que ouvem sua voz interior a clamar por esperança e vazio, por liberdade e solidão.

Boa leitura!

Cristóvão de Sousa Meneses Júnior
Presidente da Associação Thomas Merton

Introdução

O peso das almas

Merton. A providência fez desse eterno problemático da solidão um apóstolo de vasto auditório. Portador da grande mensagem, ei-lo a proclamar do deserto dos claustros a divina certeza numa voz com o timbre de hoje.

O paradoxo de Merton, que ele mesmo comparou ao destino de Jonas, parece ser, para sempre, viajar no ventre da baleia. Travessia difícil, em que o viajante, prisioneiro da sua solidão e forçado a desistir de toda iniciativa quanto aos rumos da navegação, é guiado a contragosto – embora não sem um consentimento profundo – até às praias da gente. Malogro dos propósitos? Para quem compreende, numa intuição sobrenatural que zomba das aparências, que a solidão pode ser uma "compaixão" vivida na estreita comunidade de um cenobita, o desembarque na terra dos homens não é um divórcio das ilhas. Sim, quem cede à pressão dos ventos destinados ao continente humano, navega para aí, mas sem perder de vista a rota das ilhas. A rendição é a oportunidade mesma dos seus contraditórios intuitos. O desembarque reinventa a ilha perdida nas brumas que orlam o contorno indeciso das coisas, a ilha que é destino permanente de quem só aspira a uma coisa, uma coisa situada além dos bordos do criado, nessa zona de silêncio que envolve as ilhas visitadas pela Presença. *Taceant ad me insulae...* (Is 41,1).

Essas ilhas, o amor as amadurece sobre o flanco dos mares – "Maduro pelos dias vi-me em ilha", canta o poeta favorecido com a revelação do novo Gênesis em trabalho naquelas águas donde brotam as ilhas, na "pia batismal de que emerjo ilha" (JORGE DE LIMA, *Invenção de Orfeu*, VII, XIV).

Thomas Merton, o monge cisterciense Father Louis, da Abadia de Getsêmani, nos Estados Unidos, nos dá neste curto volume a condensada substância de reflexões que a solitude lhe inspirou. Solidão real, empírica. No interior da vida monástica, que já é por si mesma uma separação drástica, ele pôde ainda gozar temporariamente duma espécie de supersolidão provisória, concedida à semelhança dos "santos desertos" carmelitanos, e bem na linha, aliás, de velhas tradições monacais que a Regra de S. Bento, apesar de ser código para cenobitas, ainda acolhe e testemunha.

O recesso dos homens na soledade sempre apareceu à consciência humana como um valor eminente. Para Aristóteles, fiel à sua intuição "política" do homem, o anacoretismo será quase uma "diferença específica", se assim se pode dizer, a fazer do eremita um ente *sui generis,* como que situado fora da escala comum, abaixo ou acima do homem – *aut fera aut deus...*

Tal apreço é partilhado em comum pelo cristianismo e as grandes religiões do mundo. Todas veem na soledade a plenitude nua, desataviada de todo o acessório que se retira para dar lugar à presença divina. O deserto é realmente pobre de tudo que não é Deus só. E o primeiro efeito da Presença, em qualquer regime religioso, é uma separação, que ao menos no momento inicial dessolidariza o indivíduo do resto dos homens, e desenrola essa autêntica e propriamente dita *zona* de Deus, que é o silêncio, lugar do diálogo infinito. Lugar existencial da Presença, materializado nas dimensões da solidão, que inspira a seus eleitos as belas reflexões sobre a vida interior.

Nossa época é agonisticamente sensível ao valor da soledade. Não se procura, muitas vezes, mais do que uma fuga da vida puramente horizontal imposta pelo regime sufocante da massa igualitária. Virou-se há muito a página final do capítulo romântico da História, com seu magnetismo da Natureza, ungida de *numinoso* aos olhos de um Novalis, um Wordsworth. A Natureza é hoje uma planície sem *mistério,* exorcizada de toda dimensão simbólica pela técnica soberana...

Mas um imenso desejo de encontro consigo mesmo abre ao homem de hoje as portas da sua solidão interior, a solidão em nível antropológico, já que a radical desafecção da natureza o privou da solidão em nível cosmológico. Restam ainda as latitudes do céu para um St. Exupéry, resta ao menos a experiência trágica do estado de derrelição e abandono, que ainda é um deserto interior aberto como condição da liberdade e da plenitude pessoal.

Mas a solidão do homem em face de seu Deus é bem outra. É um sentimento de miséria, sim, mas é também a condição do seu *suscipe* para aquele que se comunica em silêncio e no silêncio e na paz. Este livro dá testemunho dessa espécie de solidão. Ele dirá o seu segredo a todas as almas que não resistem a uma espécie de peso que pesa em cada uma delas, e as inclina para um lado onde são capazes de abrir-se ao mistério de Deus.

Dom Timóteo Amoroso Anastácio, O.S.B.
Mosteiro de S. Bento
Rio de Janeiro, 1961

Nota do Autor

Os que foram bastante indulgentes para encontrar algo de interessante em *Sementes de contemplação* e *Homem algum é uma ilha,* sentirão talvez algum prazer na leitura dessas reflexões que, se tiverem qualquer valor, lhe vem do mérito de que o Autor diz aqui algumas coisas que desejava muito dizer-se a si próprio e aos que poderiam estar inclinados a concordar com ele. Isso é sobretudo exato no que se refere à segunda parte, que trata do *Amor à solidão.* Os que já leram as páginas cheias de estímulo de Max Picard sobre *O mundo do silêncio* não terão dificuldade em reconhecer que muitas destas meditações foram inspiradas pelo filósofo suíço.

Prefácio

As notas que se acham nestas páginas foram escritas em 1953 e 1954, em épocas em que o autor, pela graça de Deus e o favor de seus superiores, pôde desfrutar de oportunidades especiais para a solidão e meditação. Daí o título. Isso não significa que as notas sejam de caráter subjetivo ou autobiográfico. De modo algum visam relatar aventuras espirituais. No que concerne ao autor, não houve aventura alguma a ser contada, e, se tivesse havido, não teria sido, em todo caso, confiada ao papel. São apenas pensamentos sobre a vida contemplativa, intuições fundamentais que, no momento em que foram colhidos, pareciam de importância básica.

Aqui, é necessária uma explicação. É muito provável que as intuições que parecem de importância vital ao autor não o sejam tanto para outros que não têm a mesma vocação. Neste sentido, portanto, o livro é, de certo modo, bem pessoal. Por vezes o que é dito é de caráter geral, outras vezes são observações feitas *en passant** e que chegam aos limites do comum. Em nenhum lugar estas notas poderão ser taxadas de esotéricas. Mas, no conjunto, estas reflexões sobre a solidão do homem diante de Deus, o diálogo do homem com Deus no silêncio, e sobre a inter-relação de nossas solitudes pessoais mútuas, são essenciais ao gênero de vida peculiar ao autor. Pode-se, também, dizer, entre parênteses, que esse gênero particular de vida não é necessariamente o ideal da Ordem religiosa a que o autor pertence. Contudo, é um ideal substancialmente monástico.

---

* Em francês no original [N.T.].

Quase não seria necessário acrescentar que muita água já correu debaixo da ponte – para o autor – desde que essas páginas foram escritas, e as correntes de pensamentos aqui encontradas têm avançado em várias direções imprevistas nos anos transcorridos.

Numa época em que o totalitarismo se tem esforçado por todos os meios para degradar e desvalorizar a pessoa humana, esperamos estar certo reclamar a atenção para toda e qualquer sã reação em favor da inalienável solidão do homem e de sua liberdade interior. Não pode a criminosa balbúrdia do atual materialismo ter licença de abafar as vozes independentes que jamais cessarão de falar; sejam elas as dos santos cristãos ou dos sábios do Oriente, como Lao-Tsé ou os mestres de Zen ou, então, vozes de homens como Thoreau ou Martin Buber ou Max Picard. Está certo insistir em que o homem é um "animal social" – o fato, por si, é óbvio. Todavia, isso não justifica de modo algum querer tratá-lo como uma simples peça de utilidade numa máquina totalitária – nem tampouco, aliás, numa que fosse religiosa.

Para existir, a sociedade depende da inviolável solidão pessoal de seus membros. Uma sociedade, para merecer esse nome, deve compor-se, não de números ou de unidades mecânicas, mas de pessoas. Ser uma pessoa implica em responsabilidade e liberdade; ambas implicam uma certa solidão interior, um senso de integridade pessoal, um senso da própria realidade pessoal e da capacidade que se tem para se dar à sociedade – ou recusar essa doação.

Quando os homens se encontram submersos em massa de seres humanos impessoais, empurrados de lá para cá por forças automáticas, perdem sua verdadeira humanidade, sua integridade, sua capacidade de amar, sua possibilidade de autodeterminação. Quando a sociedade se compõe de homens que desconhecem a solitude interior, não pode mais manter-se unida pelo amor; consequentemente, é mantida pela violência e uma autoridade abusiva. Mas, quando os homens se veem violentamente privados da solidão e da liberdade a que têm direito, a sociedade em que vivem apodrece, ulcerada pelo servilismo, o rancor, o ódio.

Nenhum grau de progresso tecnológico poderá curar o ódio que devora, como um câncer espiritual, as entranhas da sociedade materialista. Há, unicamente, e sempre haverá uma só cura, e esta é espiritual. Pouco adianta falar aos homens de Deus e de amor se não são capazes de escutar. Os ouvidos com que se atende à mensagem do Evangelho estão ocultos no coração do homem e nada podem ouvir se não são favorecidos com uma certa dose de solidão e silêncio interior.

Em outras palavras, uma vez que a fé é questão de liberdade e autodeterminação – a livre recepção de um dom gratuito da graça – não pode o homem dar seu assentimento a uma mensagem espiritual enquanto tem a mente e o coração escravizados pelo automatismo. Permanecerá assim escravizado enquanto estiver submergido numa massa de outros autômatos, privados de individualidade e de sua integridade de pessoas, a que têm direito.

O que aqui dizemos a respeito da solidão não é uma receita para eremitas. Tem a ver com o futuro do homem e do mundo em sua totalidade; em especial, é claro, com o futuro da religião do homem.

Parte I

*ASPECTOS DA
VIDA ESPIRITUAL*

I

Não há, na vida espiritual, desastre que se compare ao de se ver imerso na irrealidade, pois a vida se mantém e é em nós nutrida por nossa relação vital com as realidades que se encontram fora e acima de nós. Quando nossa vida se nutre de irrealidade, morremos de fome. Não há maior desgraça do que confundir essa morte estéril com a verdadeira e frutuosa "morte", pela qual entramos na vida.

A morte que nos dá entrada à vida não é uma fuga à realidade, mas um dom total de nós mesmos que inclui uma completa entrega à realidade. Começa pela renúncia à ilusória realidade que as coisas criadas adquirem, quando consideradas apenas em relação aos nossos egoístas interesses particulares.

Antes de podermos ver que as coisas criadas (em especial as materiais) são irreais, devemos ver com clareza que são reais.

Pois a "irrealidade" das coisas materiais é apenas relativa à *maior* realidade das coisas espirituais.

Iniciamos a renúncia às criaturas afastando-nos delas e considerando-as como são em si mesmas. Assim, penetramos em sua realidade, atualidade e verdade, que não podem ser descobertas sem que as tenhamos colocado fora de nós, delas nos distanciando, para vê-las em perspectiva. Não podemos ver as coisas em profundidade enquanto as afagamos, a elas nos agarrando. Quando delas abrimos mão, começamos a apreciá-las como são em realidade. Só então podemos começar a ver Deus nelas. Somente quando o encontramos nelas podemos iniciar os primeiros passos no caminho da contemplação obscura, no fim do qual estaremos aptos a achá-las nele.

Os Padres do Deserto acreditavam que a solidão fora criada por Deus, como valor supremo a seus olhos, precisamente porque não tinha valor aos olhos dos homens. A aridez do deserto era um lugar que jamais seria estragado pelos homens, porque nada possuía para lhes oferecer. Nada tinha para atraí-los. Nada havia a ser explorado. O deserto foi a região em que o povo escolhido peregrinou durante quarenta anos, onde Deus só dele cuidou. Poderiam ter atingido a Terra Prometida em poucos meses, se se tivessem dirigido diretamente a ela. Mas Deus planejara que aprendessem a amá-lo no deserto, e que se lembrariam sempre do tempo passado na solidão como o tempo idílico de sua vida com ele só.

O deserto foi criado simplesmente para ser o que é, não para ser transformado pelos homens em algo diferente. Assim, também, a montanha e o mar. O deserto é, portanto, o lugar lógico de habitação para o homem que não procura outra coisa senão ser ele próprio – isto é, uma criatura solitária e pobre, dependendo unicamente de Deus, sem nenhum grande projeto que se interponha entre ele e seu Criador.

Esta é, pelo menos, a teoria. Há, contudo, outro fator. Primeiramente, o deserto é o lugar da loucura. Depois, é o refúgio do demônio, lançado "no deserto do alto Egito" para "vaguear pelos lugares áridos". A sede faz o homem enlouquecer e o demônio é um louco devorado pela sede de sua própria excelência perdida – perdida porque nela se fechou excluindo tudo mais.

O homem, portanto, que se dirige ao deserto para ser ele próprio, deve tomar cuidado para não enlouquecer e se tornar servo do que ali habita num estéril paraíso de vácuo e de raiva.

Todavia, consideremos os desertos da época atual. Que são? A aurora de nova e terrível criação, o lugar de experiências por meio das quais o homem tenta descriar o que Deus abençoou. Hoje, no século da maior realização técnica do homem, o deserto, enfim, atinge sua importância particular. O homem não tem mais necessidade de Deus; pode viver no deserto com os seus próprios recursos. Pode construir ali suas fantásticas cidades protegidas contra ataques, cidades de experimentação e vício. As cidades de miragem, que surgem repentinamente no deserto, não são mais imagens da Cidade de Deus, descendo do Céu, para iluminar o mundo com a visão da paz. Nem mesmo são réplicas da grande torre de Babel que um dia se elevou no deserto de Senaar para que o homem "pudesse tornar seu nome célebre e atingir o céu" (Gn, 11,4). São sorrisos brilhantes e sórdidos do demônio na face do deserto, cidades que abrigam segredos, em que cada qual exerce espionagem sobre seu irmão, cidades em cujas veias corre, como sangue artificial, o dinheiro, de cujo seio sairá o último e maior instrumento de destruição.

Podemos nós assistir ao desenvolvimento dessas cidades sem fazer algo para purificar nossos corações? Quando o homem, seu dinheiro e suas máquinas rumam para o deserto e lá se estabelecem, não para, como Cristo, lutar contra o demônio, mas acreditando nas promessas deste de poderio e de opulência para adorar sua angélica sabedoria, então, o próprio deserto se transporta por toda parte. Todo lugar se torna o deserto. Todo lugar é solidão em que o homem deve fazer penitência, combater o adversário e purificar seu coração na graça de Deus.

O deserto é a morada do desespero. E, atualmente, o desespero se acha por toda parte. Não pensemos que nossa solidão interior consiste na aceitação da derrota. Não nos podemos evadir, seja do que for, consentindo, tacitamente, em sermos derrotados. O desespero é um abismo sem fundo. Não pensemos em fechá-lo permitindo-o e tentando, depois, nos esquecer que consentimos.

Nisto, portanto, consiste nosso deserto: viver em face do desespero, mas sem o consentir. Pisá-lo, esmagando-o debaixo da Cruz. Lutar incessantemente contra o desespero. Essa luta é nossa solidão. Se lutarmos corajosamente, encontraremos Cristo ao nosso lado. Se não podemos encará-la, jamais o encontraremos.

II

O temperamento não predestina um homem à santidade e outro à reprovação. Todos os temperamentos podem servir de material para a ruína ou a salvação. Temos de aprender a ver como nosso temperamento é um dom de Deus, um talento que devemos fazer valer, até que ele venha. Não importa até que ponto somos dotados de um temperamento difícil ou ingrato. Se fizermos bom uso do que temos, se disso nos utilizarmos para servir nossos bons desejos, podemos conseguir mais do que alguém que apenas serve seu temperamento em lugar de obrigá-lo a servi-lo.

Santo Tomás diz (I-II, Q. 34, a 4) que um homem é bom quando sua vontade se alegra com o que é bom; é mau quando a vontade se alegra com o que é mau. É virtuoso quando encontra felicidade numa vida virtuosa, pecaminoso quando se compraz numa vida pecaminosa. Assim sendo, as coisas que amamos nos dizem o que somos.

Conhece-se o homem, portanto, pelo seu fim. Também se faz conhecer pelo seu início. Se o quisermos conhecer em qualquer oportunidade, temos de descobrir a que distância se encontra de seu início, e quanto está próximo do seu fim. Daí, igualmente, o fato de o homem que, por fraqueza, peca, mas não ama o pecado, não ser um pecador no sentido pleno da palavra.

O homem bom vem de Deus e volta para ele. Começa pelo dom do ser e pelas capacidades que Deus lhe deu. Alcança a idade da razão e principia a fazer opções. A tendência dessas opções já está, em grande escala, orientada pelo que lhe ocorreu nos primeiros anos de vida e também pelo seu temperamento. Continuará a ser influenciada pelas ações dos que o cercam, pelos acontecimentos do mundo em que vive, pelas características do ambiente da sociedade a que pertence. Todavia, essa tendência permanece fundamentalmente livre.

Mas a liberdade humana não atua num vácuo moral. Nem é necessário provocar tal vácuo para garantir a liberdade de nossa atividade. Coação vinda de fora, fortes inclinações temperamentais e paixões dentro de nós, em nada afetam a essência de nossa liberdade. Definem, apenas, sua ação impondo-lhe certos limites. Dão-lhe um caráter particular próprio.

Um homem temperamentalmente colérico pode ser mais inclinado à cólera do que outro. Mas, enquanto permanece mentalmente equilibrado, ainda está livre para não se encolerizar. Sua inclinação à cólera é simplesmente uma força em seu caráter, que pode servir ao bem ou ao mal, conforme seus desejos. Se deseja o que é mau, seu gênio tornar-se-á uma arma malfazeja dirigida contra os outros, e até contra sua própria alma. Se deseja o que é bom, pode seu gênio tornar-se o instrumento controlado, destinado a combater o mal que nele existe, e a auxiliar os outros a vencer os obstáculos que encontram no mundo. Permanece, portanto, livre, podendo desejar o bem ou o mal.

Seria absurdo pensar que a emoção não tem lugar na vida espiritual, pelo fato de, às vezes, interferir com a razão. Cristianismo não é estoicismo. A Cruz não nos santifica destruindo o sentimento humano. Desapego não significa insensibilidade. Muitos ascetas não chegam a tornar-se grandes santos precisamente porque suas regras e práticas de ascetismo apenas lhes embotaram a sensibilidade, em lugar de libertá-la, dando-lhe a oportunidade de desenvolver todas as riquezas de que é capaz, sob a influência da graça.

Um santo é um homem perfeito. É templo do Espírito Santo. Manifesta, a seu modo, próprio e individual, algo do equilíbrio e da perfeição que encontramos no caráter bem ordenado da santa Humanidade de Jesus. A alma de Cristo, unida hipostaticamente ao Verbo de Deus, gozava simultaneamente, e sem que houvesse conflito, da clara visão de Deus e de nossas emoções humanas mais comuns, simples e íntimas – sentia afeição, pena, tristeza, felicidade, prazer ou desgosto: indignação ou espanto, tédio, ansiedade e medo; consolação e paz. Se não tivermos sentimentos humanos, não podemos amar a Deus do modo como o devemos amar – como homens. Se não correspondemos ao afeto humano, não podemos ser amados por Deus da maneira que ele determinou amar-nos – com o coração do Homem Jesus que é Deus, o Filho de Deus e o Ungido, Cristo.

A vida ascética, portanto, deve se iniciar e prosseguir com supremo respeito pelo temperamento, o caráter, a emoção e por tudo aquilo que nos faz humanos. Pois todas essas coisas são elementos integrados na personalidade humana e, portanto, na santidade – porque um santo é alguém que o amor de Deus fez desabrochar plenamente, tornando-o uma pessoa em que brilha a semelhança com o seu Criador.

O controle da emoção pela autonegação tende a amadurecer e aperfeiçoar nossa sensibilidade humana. A disciplina ascética não poupa nossa sensibilidade; se o fizer, não cumpre seu dever. Se realmente nos abnegamos, nossa abnegação há de nos privar, algumas vezes, até de coisas de que temos, de fato, necessidade. Sentiremos, portanto, necessidade delas.

Temos de sofrer. Todavia, a investida da mortificação sobre os sentidos, a sensibilidade, a imaginação, a vontade, o juízo próprio, tem por fim enriquecê-los e purificá-los. Nossos cinco sentidos ficam amortecidos pelo prazer desordenado. A penitência torna-os agudos, devolvendo-lhes a vitalidade natural e aumentando-a. A penitência ilumina o olhar da consciência e da razão. Ajuda-nos a pensar com clareza, julgar com equilíbrio. Fortalece a energia da vontade. A penitência apura a qualidade da nossa emoção; é na ausência da autorrenúncia e da autodisciplina que se encontra explicação para a mediocridade de tanta arte piedosa e de tantos escritos devotos, de tanta oração sentimental e de tantas vidas religiosas.

Muitos se afastam de toda manifestação dessa emoção barata com uma espécie de desespero heroico, e vão procurar Deus num deserto onde as emoções nada encontram que as sustente. Mas aqui, também, pode haver erro. Pois se nossas emoções realmente deixarem de existir no deserto, nossa humanidade também se extinguirá. Devemos voltar do deserto como Jesus ou S. João Batista, com nossa capacidade de sentimento desabrochada e aprofundada, fortalecida contra os apelos da falsidade, prevenida contra as tentações, magnânima, nobre, pura.

III

A vida espiritual não é vida mental. Não é só pensamento. Nem tampouco, é claro, é vida de sensações, vida de sentimentos – "sentir" e experimentar as coisas do espírito e as coisas de Deus.

A vida espiritual, contudo, não exclui o pensamento nem o sentimento. Precisa de ambos. Não é simplesmente uma vida concentrada no "ponto alto" da alma, vida da qual a mente, a imaginação e o corpo estão excluídos. Se assim fosse, poucas pessoas poderiam vivê-la. E, ainda uma vez, se isso fosse a vida espiritual, não seria, de modo algum, vida. Para que possa viver, tem o homem de estar plenamente vivo, corpo, alma, coração, mente, espírito. Tudo tem de ser elevado e transformado pela ação de Deus, no amor e na fé.

Inútil tentar fazer meditação apenas "pensando" – pior ainda, meditar ligando palavras umas às outras, passando em revista um exército de banalidades.

Uma vida puramente mental pode ser causa de ruína, se nos leva a substituir a vida pelo pensamento e as ações pelas ideias. A atividade própria ao homem não é puramente mental, pois o homem não é apenas um espírito desencarnado. Nosso destino é viver o que pensamos, porque se não vivermos aquilo de que temos conhecimento, nem chegamos a conhecê-lo. Somente tornando aquilo que conhecemos parte de nós mesmos, pela ação, é que penetramos na realidade significada por nossos conceitos.

Viver como animal racional não significa pensar como homem e viver como animal. Temos tanto de pensar como de viver como homens. É ilusão tentar viver como se as duas partes abstratas de nosso ser (racionalidade e animalidade) existissem de fato, separadamente, como duas realidades concretas diversas. Somos uma só coisa, corpo e alma e, se não vivermos como uma unidade, morreremos.

Viver não é pensar. O pensamento é formado e guiado pela realidade objetiva que existe fora de nós. Viver é o constante ajustar-se do pensamento à vida e da vida ao pensamento, de tal modo que estejamos sempre em crescimento, sempre tendo a experiência de coisas novas nas antigas, e de antigas nas novas. Assim, a vida é sempre coisa nova.

IV

O termo "autoconquista" pode vir a se tornar odioso, porque, frequentemente, pode significar, não a conquista de nós mesmos, mas uma conquista feita por nós. Uma vitória que, por nosso próprio poder, alcançamos. Sobre o quê? Precisamente sobre algo que não é nós mesmos.

A verdadeira autoconquista é a conquista de nós mesmos, não por nós, mas pelo Espírito Santo. A conquista de si próprio é, na realidade, a entrega de si próprio.

Todavia, antes de podermos entregar-nos, é necessário tornarmo-nos nós mesmos. Pois ninguém pode entregar o que não possui.

Digamos com maior precisão – temos de ter bastante domínio sobre nós mesmos para renunciar à nossa vida nas mãos de Cristo – de maneira que ele possa conquistar aquilo que, por nossos próprios esforços, não podemos alcançar.

Para conseguir o domínio de nós mesmos, temos que estar de posse de um certo grau de confiança, de esperança na vitória. E, para manter essa esperança viva, devemos, geralmente, ter saboreado a vitória. Temos de saber o que é a vitória e preferi-la à derrota.

Não há esperança para alguém que luta por obter uma virtude abstrata – uma qualidade de que não possui nenhuma experiência. Nunca poderá, eficazmente, preferir a virtude ao vício oposto, seja qual for o grau com que, aparentemente, despreza esse vício.

Todos possuem um desejo espontâneo de fazer coisas boas e de evitar as más. No entanto, esse desejo é estéril enquanto não temos a experiência do que significa ser bom.

(O desejo da virtude se vê muitas vezes frustrado em pessoas de boa vontade, por causa da repugnância que, instintivamente, sentem pelas falsas virtudes dos que pretendem ser santos. Os pecadores têm um olhar agudo para discernir a falsa virtude, e uma ideia exigente do que deveria ser a virtude de um homem de bem. Se, nas pessoas supostas boas, veem apenas uma virtude cujo efeito é menos vital e menos interessante do que seus próprios vícios, haverão de concluir que a virtude não tem sentido e ficarão apegados ao que praticam embora o detestem.)

Mas, e se não temos virtude? Como podemos, então, ter dela experiência? A graça de Deus, por Cristo Nosso Senhor, produz em nós um desejo da virtude que já é uma experiência antecipada dela. Torna-nos capazes de "gostar" da virtude, antes mesmo de a possuirmos plenamente.

A graça, que é caridade, contém em si todas as virtudes de maneira oculta e em potência, como as folhas e os galhos da árvore estão escondidos no interior da semente. Ser semente já é ter o gosto de vir a ser uma árvore. A graça habitual traz consigo todas as virtudes cristãs em germe.

A graça atual nos move a atualizar essas potências escondidas e realizar o que significam: Cristo agindo em nós.

O prazer de um ato bom é algo a ser relembrado, não para alimentar nossa vaidade, mas para nos recordar que as ações virtuosas são não somente possíveis e valiosas, mas podem tornar-se mais *fáceis,* mais cheias de encanto e mais frutuosas do que os atos viciosos que a elas se opõem, frustrando-as.

Uma falsa humildade não nos deve roubar o prazer da conquista, que nos é devido, e mesmo necessário à nossa vida espiritual, sobretudo no início.

É verdade que, mais tarde, podemos conservar ainda defeitos que não conseguimos dominar – de maneira a termos a humildade de lutar contra um adversário aparentemente invencível, sem sentirmos prazer algum pela vitória.

Pois pode nos ser pedido renunciar até ao prazer que sentimos em fazer coisas boas, de maneira a termos a certeza de que as realizamos por algo mais do que esse mesmo prazer.

Mas, antes de podermos renunciar a esse prazer, temos de aceitá-lo. No início, o prazer vindo da conquista de si mesmo é necessário. Não tenhamos medo de desejá-lo.

V

A preguiça e a covardia são dois dos maiores inimigos da vida espiritual. Constituem perigo ainda maior quando procuram disfarçar-se como "discrição". Essa ilusão não seria de tal modo fatal se a discrição não fosse uma das mais importantes virtudes do homem espiritual. De fato, é a própria discrição que nos deve ensinar a diferença que existe entre covardia e discrição. *Se teu olho for simples... mas se a tua luz for trevas...*

A discrição nos diz o que Deus quer de nós e o que ele não quer. Dizendo-nos isso, nos faz ver nossa obrigação de corresponder às inspirações da graça e de obedecer a todas as outras indicações da vontade do Senhor.

A preguiça e a covardia colocam nosso próprio bem-estar atual em primeiro lugar, antes do amor de Deus. Temem a incerteza do futuro, porque não confiam em Deus.

A discrição nos previne contra a dispersão de forças; para o covarde, porém, todo esforço é desperdício. A discrição nos mostra em que circunstâncias o esforço é desperdício e onde é obrigatório.

A preguiça procura fugir de todo risco. A discrição evita o risco inútil, mas nos impele a assumir os riscos que a fé e a graça de Deus nos pedem. Pois quando Jesus disse que o reino de Deus só podia ser arrebatado pelos violentos, queria indicar que só pode ser conquistado à custa de certos riscos.

E, se seguirmos a Cristo, cedo ou tarde temos de arriscar tudo para tudo possuir. Temos de jogar com o invisível e arriscar tudo que podemos ver, sentir e experimentar. Mas sabemos que vale a pena arriscar, porque nada há de menos seguro do que o mundo passageiro. "Pois a figura deste mundo passa" (1Cor 7,31).

Sem coragem, jamais poderemos atingir a verdadeira simplicidade. A covardia nos mantém num espírito de "duplicidade", hesitando entre o mundo e Deus. Ora, com essa hesitação, não há verdadeira fé – a fé é apenas uma opinião. Não possuímos nunca a certeza, porque nunca nos decidimos a ceder totalmente à autoridade do Deus invisível. Essa hesitação é a morte da esperança. Não abrimos mão, nunca, daqueles apoios visíveis que, bem o sabemos, um dia nos hão seguramente de falhar. Essa hesitação torna a verdadeira oração impossível – nunca chega a ousar pedir algo ou, se pede, está tão incerta de ser ouvida que, em cada ato de petição, procura fraudulentamente construir, pela prudência humana, uma resposta provisória, que lhe satisfaça (cf. Tg 1,5-8).

De que adianta orar se, em cada momento da oração, temos tão pouca confiança em Deus, que nos ocupamos em fazer planos para dar uma resposta ao nosso gosto à nossa oração?

VI

Não há verdadeira vida espiritual fora do amor de Cristo. Temos uma vida espiritual unicamente porque ele nos ama. A vida espiritual consiste em receber o dom do Espírito e sua caridade, porque, em seu amor por nós, o Sagrado Coração de Jesus determinou que vivêssemos por seu espírito – o mesmo Espírito que procede do Verbo e do Pai e que é o amor de Jesus pelo Pai.

Se soubermos como é grande o amor de Jesus por nós, nunca teremos medo de ir a ele em toda a nossa pobreza, toda a nossa fraqueza, toda a nossa indigência espiritual e fragilidade. De fato, quando compreendermos o verdadeiro sentido de seu amor por nós, haveremos de preferir ir a ele pobres e necessitados. Nunca nos envergonharemos de nossa miséria. A miséria é para nós vantagem quando de nada precisamos a não ser de misericórdia. Podemos nos alegrar de nossa impotência quando em realidade cremos que o poder de Jesus se manifesta em toda a sua perfeição, em nossa fraqueza.

O sinal mais certo de que recebemos uma compreensão espiritual do amor de Deus por nós é a estima em que temos nossa pobreza, à luz de sua infinita misericórdia.

Temos de amar nossa pobreza como Jesus a ama. É tão valiosa a seus olhos que morreu na Cruz a fim de apresentá-la ao Pai e enriquecer-nos com os tesouros de sua infinita misericórdia.

Temos de amar a pobreza dos outros como Jesus a ama. Devemos considerá-los com o olhar de compaixão dele. Mas não podemos ter verdadeira compaixão pelos outros se não estamos prontos a aceitar a piedade alheia e receber o perdão de nossos próprios pecados.

Não sabemos perdoar verdadeiramente enquanto não tivermos experimentado o que seja ser perdoado. Portanto, devemos alegrar-nos de podermos receber o perdão de nossos irmãos. É esse perdão mútuo que manifesta em nossa vida o amor de Jesus por nós, pois, perdoando-nos mutuamente, agimos uns para com os outros como ele agiu para conosco.

VII

Um cristão é alguém que vive inteiramente fora de si mesmo e em Cristo – vive na fé de sua Redenção, no amor a seu Redentor que nos amou e por nós morreu. Vive, acima de tudo, na esperança do mundo vindouro.

A esperança é o segredo do verdadeiro ascetismo. Nega nossos juízos próprios e nossos desejos e rejeita o mundo em seu estado atual, não porque nós ou o mundo somos maus, mas porque não estamos em condições de utilizar do melhor modo nossa própria bondade ou a do mundo. Mas nos alegramos na esperança. Gozamos das coisas criadas, na esperança. Saboreamo-las, não como são em si mesmas, mas como são em Cristo – cheias de promessas. Pois a bondade das coisas é um testemunho da bondade de Deus, e a bondade dele é a garantia de sua fidelidade às suas promessas. Prometeu-nos um novo céu e uma nova terra, uma vida ressuscitada em Cristo. Toda renúncia que não se prende a essa promessa está abaixo do nível cristão.

Meu Senhor, não tenho esperança senão em tua Cruz. Tu, por tua humildade, sofrimentos e morte me libertaste de toda esperança vã. Mataste a vaidade da vida presente – em tua pessoa – e deste-me tudo que é eterno, ressuscitando dos mortos.

Por que hei de querer ser rico, quando Tu foste pobre? Por que hei de desejar ser célebre e possuir o poder para ser visto pelos homens, quando os filhos dos que exaltaram os falsos profetas e lapidaram os verdadeiros te rejeitaram e te pregaram numa Cruz? Por que hei de acariciar em meu coração uma esperança que me devora – a esperança duma felicidade perfeita nesta vida –

quando essa esperança, fadada à frustração, nada mais é do que desespero?

Minha esperança está no que os olhos nunca viram. Portanto, não me deixes confiar nas recompensas visíveis. Minha esperança está naquilo que o coração não pode sentir. Não permitas, portanto, que eu confie nos sentimentos do meu coração. Minha esperança está naquilo em que a mão do homem jamais tocou. Não permitas que eu confie no que posso segurar entre os dedos. A morte há de abrir-me a mão e minha vã esperança escapará.

Deixa que minha confiança se apoie em tua misericórdia, e não em mim. Deixa-me colocar minha esperança em teu amor, não na fortaleza ou na saúde ou na habilidade ou nos recursos humanos.

Se confiar em ti, tudo o mais se tornará para mim fortaleza, saúde, apoio. Tudo me conduzirá ao céu. Se eu não confiar em ti, tudo concorrerá para a minha destruição.

VIII

Todo pecado é punição do pecado primeiro do desconhecimento de Deus. Isso quer dizer que todo pecado é castigo por nossa ingratidão. Pois, como diz S. Paulo (Rm 1,21), os gentios que "conheciam" a Deus desconheceram-no por causa da sua ingratidão em o conhecer. Não o conheciam porque este conhecimento não os enchia de alegria por causa de seu amor. Pois, se não o amamos, mostramos que não o conhecemos. Ele é amor. *Deus caritas est.*

Nosso conhecimento de Deus é aperfeiçoado pela gratidão: somos gratos e nos rejubilamos com a experiência da verdade de que ele é amor.

A Eucaristia – o Sacrifício de louvor e ação de graças – é um braseiro ardente do conhecimento de Deus, pois, neste Sacrifício, Jesus, rendendo graças ao Pai, se oferece e se imola inteiramente pela glória do Pai e para nos salvar de nossos pecados. Se não o "conhecemos" em seu sacrifício, de que nos pode ele servir? "Porque eu quero o amor, e não sacrifícios, o conhecimento de Deus, e não os holocaustos" (Os 6,6). Não o conhecemos se não lhe somos gratos e louvamos com ele o Pai.

Não há neutralidade entre gratidão e ingratidão. Os que não têm gratidão logo começam a se queixar de tudo. Os que não amam odeiam. Na vida espiritual não existe indiferença para com o amor ou o ódio. Por isso é que a tibieza (que tem a aparência da indiferença) é tão detestável. É ódio disfarçado em amor.

A tibieza, em que a alma não é nem "quente nem fria" – nem ama nem odeia positivamente –, é um estado em que se rejeita a Deus e a sua vontade, embora mantendo a aparência exterior de amá-lo, a fim de evitar aborrecimentos e salvar a própria pretensa respeitabilidade. É uma condição a que chegam em breve os que habitualmente não têm gratidão pelas graças recebidas de Deus. Alguém que corresponda realmente à bondade de Deus, reconhecendo tudo que dele recebeu, não pode, de modo algum, deixar de ser plenamente cristão. A verdadeira gratidão e a hipocrisia não podem coexistir. São totalmente incompatíveis. A gratidão, em si mesma, nos faz sinceros – ou, se não o faz, é porque não é verdadeira gratidão.

A gratidão, todavia, é mais que um exercício mental, mais que uma formulação de palavras. Não nos podemos satisfazer com preparar uma lista dos benefícios que Deus nos fez e depois agradecer-lhe superficialmente pelos favores recebidos.

Ser grato é reconhecer o amor de Deus em tudo que ele nos deu – e ele deu-nos tudo. Cada respiração é um dom do seu amor, cada momento de existência é uma graça, pois traz consigo graças imensas de Deus. A gratidão, portanto, nada considera como devido, nunca deixa de corresponder, constantemente toma consciência, com nova admiração e louvor, da bondade de Deus. Pois quem é grato sabe que Deus é bom, não porque o ouviu dizer, mas por experiência própria. E aí é que está toda a diferença.

IX

Que significa conhecer e experimentar meu próprio "nada"?

Não basta desviar-me com nojo de minhas ilusões, faltas e erros, separar-me deles como se não existissem e como se eu fora outra pessoa. Essa espécie de autoaniquilamento é apenas uma ilusão ainda pior; é uma humildade fingida que me faz dizer "nada sou", quando na realidade o que penso é "quem me dera não ser o que sou".

Pode isso derivar de uma experiência de nossas deficiências e incapacidade; não dá, contudo, nenhuma paz. Para conhecer, de fato, nosso "nada", temos também de amá-lo. Ora, não podemos amá-lo se não vemos que é bom. E não podemos ver que é bom se não o aceitamos.

Uma experiência sobrenatural de nossa contingência nos dá uma humildade que ama e preza, acima de tudo, nosso estado de incapacidade moral e metafísica diante de Deus.

Para amar nosso nada, temos de amar em nós tudo que o orgulhoso ama quando se ama a si mesmo. Mas por razões exatamente opostas.

Para amar nosso nada, temos de amar-nos a *nós próprios*.

Mas o homem orgulhoso ama-se a si mesmo porque acredita ser digno de amor, respeito e veneração em si mesmo. Porque pensa que deve ser amado por Deus e pelos homens. Porque se crê mais digno de ser honrado, amado e reverenciado do que todos os outros homens.

O homem humilde também ama a si mesmo e procura ser amado e honrado, não porque o amor e a honra lhe sejam *devidos,* e sim porque *não* lhe são devidos. Procura ser amado pela misericórdia de Deus. Roga ser amado e auxiliado pela liberalidade de seus irmãos, os outros homens. Crente de que nada possui, sabe igualmente que *necessita* de tudo, e não tem medo de mendigar aquilo de que necessita e de procurá-lo onde pode.

O homem orgulhoso ama sua própria ilusão e autossuficiência. O homem espiritualmente pobre ama precisamente a sua insuficiência. O orgulhoso exige honras por possuir o que nenhum outro tem. O humilde roga ser admitido a partilhar naquilo que todos os outros receberam. Deseja, também ele, ser repleto, até a plenitude, pela bondade e misericórdia de Deus.

X

A vida espiritual é, antes de mais nada, uma *vida*.

Não é apenas algo a ser conhecido e estudado; tem de ser vivido. Como toda vida, definha e morre quando separada de seus elementos próprios. A Graça está enxertada em nossa natureza e o homem todo está santificado pela presença e ação do Espírito Santo. A vida espiritual não é, portanto, uma vida completamente separada, desarraigada da condição humana e transplantada para o ambiente angélico. Vivemos como criaturas espirituais quando vivemos como homens que procuram a Deus. Para sermos espirituais, temos de permanecer homens. E, se isso não fosse evidenciado em toda parte na teologia, o Mistério da Encarnação seria disso, amplamente, uma prova. Por que Cristo se fez homem senão para salvar os homens unindo-os misticamente a Deus por meio de sua santa Humanidade? Jesus viveu a vida ordinária dos homens de seu tempo, a fim de santificar as vidas – ordinárias – dos homens de todos os tempos. Se queremos, pois, ser espirituais, vamos em primeiro lugar viver nossa própria vida. Não tenhamos medo das responsabilidades e inevitáveis distrações inerentes à tarefa a nós confiada pela vontade de Deus. Abracemos a realidade; assim nos encontraremos imersos na vontade vivificadora e na sabedoria de Deus, que por toda a parte nos envolve.

Primeiramente, certifiquemo-nos de que sabemos o que estamos fazendo. Só a fé pode dar-nos a luz para vermos que a vontade do Senhor se acha em nossa vida cotidiana. Sem essa luz, não podemos discernir o caminho certo, nem tomar as decisões exatas. Sem essa certeza, não podemos ter confiança sobrenatural e paz. Tropeçamos e caímos constantemente, mesmo quando nos encontramos muito esclarecidos. Todavia, quando nos achamos na verdadeira escuridão espiritual, nem mesmo sabemos que caímos.

Para nos mantermos espiritualmente vivos, temos de renovar constantemente nossa fé. Somos como pilotos de navios imersos no nevoeiro, escrutando a escuridão diante de nós, tentando ouvir o ruído de outros navios, e só podemos atingir o porto se nos mantivermos alertas. A vida espiritual é, portanto, em primeiro lugar, uma questão de estar desperto. Não devemos perder nossa sensibilidade às inspirações espirituais. Devemos estar sempre prontos a corresponder aos mínimos avisos que falam, como que por um instinto oculto, nas profundezas da alma que está espiritualmente viva.

A meditação é um dos meios de que o homem espiritual se serve para se manter alerta. Não é, realmente, um paradoxo que os aspirantes à perfeição religiosa se embotem e adormeçam precisamente no momento da meditação. A oração meditativa é uma disciplina severa, algo que, no entanto, não se pode aprender de modo violento. Requer coragem constante e perseverança; os que não estão dispostos a trabalhar pacientemente nessa tarefa acabarão, finalmente, na acomodação. Aqui, como no mais, acomodação é sinônimo de fracasso.

Meditar é pensar. Contudo, meditar com êxito é muito mais do que raciocinar ou pensar. É muito mais do que "afetos", muito mais do que uma série de "atos" a realizar.

Na oração meditativa, pensamos e falamos, não apenas com os lábios, mas, em certo sentido, com *todo nosso ser*. A oração é, então, não apenas um formulário ou uma série de desejos a brotar do coração – é a orientação de todo nosso corpo, espírito e mente para Deus, no silêncio, atenção e adoração. Toda oração meditativa boa é uma *conversão da totalidade do nosso ser para Deus.*

Ora, não podemos entrar em meditação, nesse sentido, sem uma espécie de comoção interna. Por comoção não quero dizer perturbação, mas uma quebra da rotina, uma libertação do coração dos cuidados e preocupações das tarefas diárias. A razão por que tão poucos se aplicam seriamente à oração mental é precisamente que essa comoção interna é necessária e geralmente poucos são capazes do esforço que isso requer. Talvez lhes falte a generosidade ou pode também ser que careçam de direção e experiência, enveredando por caminhos errados. Perturbam-se, lançam-se na agitação pelos esforços violentos que fazem para se recolher, e acabam por desanimar. Chegam, finalmente, a uma acomodação, por uma série de rotinas e frustrações que os ajudam a passar o tempo, ou então afrouxam, caindo no estado de semicoma que, esperam, poderá ser justificado pelo nome de contemplação.

Todo diretor espiritual sabe que coisa difícil e sutil é determinar exatamente a linha de demarcação entre a indolência interior e os vagos, imperceptíveis inícios da contemplação passiva. Todavia, na prática, atualmente se tem falado bastante sobre contemplação passiva para dar às pessoas preguiçosas a chance de reivindicar para si o privilégio de "orar sem fazer nada".

Não existe oração em que "nada é feito" ou "nada acontece", embora possa muito bem haver uma oração em que nada se perceba, se sinta ou se pense.

Toda verdadeira oração interior, por mais simples que seja, requer a conversão de todo o nosso ser para Deus, e até que isso seja atingido – ativamente, por nossos próprios esforços ou passivamente, pela ação do Espírito Santo – não penetramos na "contemplação" e não podemos com segurança relaxar nossos esforços para estabelecer contato com Deus.

Se tentamos contemplar Deus sem primeiro haver voltado totalmente para ele a face do nosso ser interior, haveremos inevitavelmente de acabar por nos contemplarmos a nós mesmos e mergulharemos talvez no escuro e quente abismo da nossa própria natureza sensível. Não é nessa nossa treva que se poderá com segurança permanecer passivo.

Por outro lado, se confiamos demasiadamente em nossa imaginação e nossas emoções, não nos voltaremos para Deus, mas mergulharemos num reboliço de imagens, fabricando para nós mesmos uma experiência religiosa feita à nossa moda, coisa por demais perigosa.

O "voltar-se" de todo o nosso ser para Deus só pode ser atingido por uma fé profunda, sincera e simples, vivificada por uma esperança que sabe ser possível o contato com Deus e por um amor que deseja, acima de tudo, fazer-lhe a vontade.

A meditação, por vezes, nada mais é do que uma luta malsucedida a fim de nos voltarmos para Deus e procurarmos, na fé, a sua face. Um sem-número de coisas fora do nosso controle pode tornar moralmente impossível fazer uma boa meditação. Nesse caso, bastam a fé e a boa vontade. Se alguém faz realmente um esforço leal e sincero para se voltar para Deus, sem conseguir de modo algum se concentrar, então essa tentativa terá que contar como meditação. Quer isso dizer que Deus, em sua misericórdia, aceita nossos esforços malsucedidos, em lugar de uma verdadeira meditação. Por vezes acontece que essa incapacidade interior é um autêntico sinal de progresso na vida espiritual – pois nos leva a depender de maneira mais completa e pacífica da misericórdia do Senhor.

Se, pela graça de Deus, conseguirmos nos voltar inteiramente para ele, pondo de lado tudo mais, a fim de falar-lhe e adorá-lo, isso não significa que possamos sempre imaginá-lo ou sentir-lhe a presença. Nem a imaginação, nem os sentimentos são necessários para uma inteira conversão de todo o nosso ser para Deus. Tampouco é desejável uma intensa concentração sobre uma "ideia" de Deus. Por difícil que seja transmiti-lo em linguagem humana, existe uma muito real e muito reconhecível (mas quase inteiramente impossível de definir). Presença de Deus, em que nós nos encontramos com ele na oração, conhecendo aquele por quem somos conhecidos, conscientes de quem tem de nós consciência, amando aquele de quem nos sabemos amados. Presentes a nós mesmos na plenitude de nossa própria personalidade, estamos presentes àquele que é infinito em seu ser. Não é uma visão face a face, mas certa presença do eu ao eu em que, com a atenção reverente de todo o nosso ser, conhecemos aquele em quem todas as coisas tem sua existência. O "olhar" que se abre em sua presença no próprio centro de nossa humildade, no coração mesmo de nossa liberdade, nas profundezas de nossa natureza espiritual. A meditação é esse olhar que se abre.

XI

Nutridos pelos sacramentos e formados pela oração e doutrina da Igreja, nada temos a procurar senão o lugar especial que a vontade de Deus nos reservou na Igreja. Quando encontramos esse lugar, nossa vida e nossa oração se tornam, uma e outra, extremamente simples.

Descobrimos então o que é, de fato, a vida espiritual. Não é uma questão de realizar uma boa obra em lugar de outra, de viver num determinado ambiente de preferência a outro, de orar deste modo e não daquele.

Não é uma questão de algum efeito psicológico especial em nossa alma. É, sim, o silêncio de todo o nosso ser no espírito de compunção e adoração diante de Deus, na consciência habitual de que ele é tudo e nós nada, ele, o Centro para o qual convergem todas as coisas e para quem se devem dirigir todos os nossos atos. Consciência de que nossa vida e nossa fortaleza procedem dele, de que, tanto na vida como na morte, dependemos inteiramente dele, de que todo o curso de nossa vida está previsto por ele e se enquadra nos planos de sua sábia e misericordiosa providência; de que, para nós, é um absurdo viver como não dependendo dele, a sós; de que todos os nossos projetos e ambições espirituais são inúteis se não vêm dele e nele não encontram seu fim, e de que, acima de tudo, só o que importa é a sua glória.

Arruinamos nossa vida de oração se nos ocupamos constantemente em examinar essa nossa oração, procurando-lhe os frutos numa paz que nada é senão um processo psicológico. A única coisa a procurar na oração contemplativa é Deus, e o procuramos com êxito quando compreendemos que não o podemos encontrar se ele não se manifestar a nós e que, no entanto, ele não nos inspiraria buscá-lo se não o houvéssemos já encontrado.

Quanto mais felizes nos sentirmos com nossa pobreza, tanto mais perto estaremos de Deus, porque, então, aceitamos em paz nossa pobreza, nada esperando de nós próprios e tudo esperando de Deus.

A pobreza é a porta que conduz à liberdade, não porque permanecemos trancados dentro da angústia e do constrangimento que a pobreza em si mesma encerra, mas porque, nada encontrando em nós mesmos que seja fonte de esperanças, sabemos que nada há em nós que mereça ser defendido. Não existe em nós nada de especial a ser amado. Saímos, portanto, de nós mesmos para repousar naquele em quem, unicamente, está a nossa esperança.

Há, na vida espiritual, uma fase em que encontramos Deus em nós – essa presença é um efeito criado do seu amor. É um dom de seu amor por nós. Permanece em nós. Todos os dons de Deus são bons. Mas, se neles nos detemos em lugar de repousar nele, perdem, para nós, a sua bondade. O mesmo sucede com esse dom.

Quando chega a hora determinada de passarmos a outras coisas, retira o Senhor o sentimento de sua presença, de maneira a fortalecer-nos a fé. É então inútil procurá-lo por meio de algum efeito psicológico. Inútil buscar qualquer sensação dele em nossos corações. Chegou a hora em que temos de sair de nós mesmos e subir acima de nós mesmos e achá-lo não mais dentro de nós, e sim, fora de nós e acima de nós. Isso fazemos primeiramente por uma fé árida, por uma esperança que queima como carvões ardentes sob as cinzas de nossa pobreza. Procuramo-lo também por uma humilde caridade a serviço de nossos irmãos. Então, quando Deus o quer, eleva-nos a si em simplicidade.

De que adianta conhecermos nossa fraqueza, se não suplicamos ao Senhor que nos sustente com seu poder? Que valor há em reconhecer nossa pobreza, se não nos servirmos dela para implorar sua misericórdia? Já é bastante lamentável nos comprazermos no pensamento de que temos virtude; pior ainda é repousarmos em negligente inércia, quando estamos conscientes de nossa fraqueza e de nossos pecados. O valor de nossa pobreza e de nossa fraqueza está em serem, ambas, o solo em que Deus semeia a semente do desejo. E, por mais abandonados que possamos parecer, o desejo confiante de amar o Senhor, a despeito de nossa abjeção e miséria, é um sinal de sua presença e uma garantia de nossa salvação.

XII

Se queremos ter vida espiritual, temos de unificar nossa vida. Uma vida ou é toda espiritual ou não o é de todo. Ninguém pode servir a dois senhores. Nossa vida é moldada pelo fim para o qual vivemos. Somos feitos à imagem daquilo que desejamos.

Para unificar nossa vida, unifiquemos nossos desejos. Para espiritualizar nossa vida, espiritualizemos nossos desejos. Para espiritualizar nossos desejos, desejemos não ter desejos.

Viver no espírito é viver para Deus, em quem cremos sem poder vê-lo. Desejar isso é, portanto, renunciar ao desejo de tudo que pode ser visto. Possuir aquele que não pode ser compreendido é renunciar a tudo que pode ser compreendido. Para repousar naquele que está para além de todo repouso criado, renunciamos ao desejo de repousar nas coisas criadas.

Renunciando ao mundo, conquistamos o mundo e nos elevamos acima de sua multiplicidade, tudo reunindo na simplicidade de um amor que tudo encontra em Deus.

Isso é que Jesus ensinava quando dizia que quem quiser salvar sua vida perdê-la-á e quem estiver pronto a entregá-la por amor a Deus, salvá-la-á.

O capítulo 28 do livro de Jó (igualmente Baruc c. 3) nos ensina que a sabedoria de Deus está escondida e não é possível encontrá-la – no entanto, acaba supondo ser fácil achá-la, pois o temor de Deus é sabedoria.

Um monge nunca deve procurar a sabedoria fora de sua vocação. Se o fizer, jamais a encontrará, porque para ele a sabedoria se encontra em sua vocação. A sabedoria é a própria vida do monge em seu mosteiro. Vivendo sua vida monástica é que o monge encontra a Deus, e não acrescentando a essa vida algo que Deus não colocou. Pois a sabedoria é o próprio Deus vivendo em nós, revelando-se a nós. A vida se revela a nós somente na medida em que a vivemos.

A vida monástica está repleta da misericórdia do Senhor. Tudo que o monge faz é vontade de Deus e está ordenado à glória de Deus. Fazendo a vontade do Senhor, recebemos sua misericórdia, pois é só por um dom de sua misericórdia que podemos fazer-lhe a vontade com intenção pura e sobrenatural. E ele nos dá essa intenção como uma graça que serve apenas de meio para atrair mais graça e mais misericórdia, alargando em nós a capacidade de amá-lo. Quanto maior for nossa capacidade de receber essa misericórdia, tanto maior será nosso poder de dar-lhe glória, pois Deus só é glorificado por seus próprios dons, e ele é mais glorificado por aqueles em quem sua misericórdia produziu maior amor. "Ama pouco aquele a quem pouco se perdoa" (Lc 7,47).

XIII

O mais pobre numa comunidade religiosa não é necessariamente o que possui menos objetos designados para o seu uso. A pobreza não é meramente questão de possuir "coisas". É uma atitude que nos leva a renunciar a algumas das vantagens que vem do uso das coisas. Pode alguém nada possuir, mas dar grande importância à satisfação pessoal e ao gosto que pretende haurir de coisas que são comuns a todos – o canto coral, os sermões, a leitura no refeitório da comunidade – o tempo livre, o tempo de outras pessoas...

Muitas vezes, o mais pobre da comunidade é o que está à disposição de todos. Pode ser utilizado por todos e nunca toma o tempo requerido para fazer algo de particular para si próprio.

Pobreza – pode se referir a coisas como nossa opinião, nosso "estilo", qualquer coisa que tenda à autoafirmação e a nos distinguir dos outros, como superiores aos demais, de tal modo que nos comprazemos nessas particularidades, tratando-as como "coisas possuídas". A "pobreza" não nos deve tornar singulares. O homem excêntrico não é pobre em espírito.

Mesmo a capacidade de ajudar os outros, de dar-lhes nosso tempo e o que nos pertence pode ser "possuída" com apego se, por essas ações, impomo-nos aos outros, obrigando-os a nos serem gratos. Pois nesse caso estamos tentando comprá-los e possuí-los pelos favores que lhes fazemos.

Qual de nós, Senhor, pode falar em pobreza sem enrubescer? Nós, que fizemos voto de pobreza no mosteiro, somos, de fato, pobres? Sabemos o que seja amar a pobreza? Tomamos alguma vez o tempo para refletir, mesmo por um momento, por que a pobreza deve ser amada?

No entanto, Tu, Senhor, vieste a este mundo para ser pobre entre os pobres, porque é mais fácil a um camelo passar pelo buraco de uma agulha do que um rico entrar no reino dos céus. E nós, com nosso voto de pobreza, estamos satisfeitos com o fato de, legalmente, nada possuirmos e de termos de pedir licença a outrem para tudo de que necessitamos?

Isso é pobreza? Pode alguém que perdeu o emprego e está sem dinheiro para pagar as contas e vê sua esposa e seus filhos emagrecerem e sente o medo e o ódio roer-lhe o coração – pode ele obter as coisas de que desesperadamente necessita simplesmente pedindo-as? Que experimente! Entretanto, nós que podemos ter muitas coisas de que não necessitamos e outras, muitas outras que nos é um escândalo possuir – nós somos pobres porque as possuímos com licença!

A pobreza significa ter necessidade. Fazer voto de pobreza e nunca passar necessidade, nunca precisar de algo sem logo obtê-lo, é rir-se do Deus Vivo.

XIV

Ler deveria constituir um ato de homenagem ao Deus de toda verdade.

Abrimos nossos corações a palavras que refletem a realidade por ele criada ou a maior realidade que é ele mesmo. É também um ato de humildade e reverência para com outros homens, que são instrumentos por meio dos quais Deus nos comunica a sua verdade.

A leitura dá a Deus maior glória quando a aproveitamos melhor, quando é um ato mais profundamente vital, não só da nossa inteligência, mas de toda a nossa personalidade, absorvida e refeita na reflexão, na meditação, na oração, ou até mesmo na contemplação de Deus.

Os livros podem falar-nos como a voz de Deus, ou a dos homens, ou como a algazarra da cidade em que vivemos. Falam-nos com a voz de Deus quando nos trazem luz e paz e nos enchem de silêncio. Falam-nos com a voz de Deus quando desejamos nunca deles nos separar. Falam-nos com a voz dos homens quando sentimos desejo de ouvi-los novamente. Falam-nos como a algazarra da cidade quando nos mantêm presos por uma lassidão que nada nos comunica, não nos dão paz, nem conforto e, no entanto, não nos deixam escapar ao seu engodo.

Livros que falam com a voz de Deus fazem-no com demasiada autoridade para nos divertir. Os que falam com a voz de homens bons, nos atraem pelo seu encanto humano; crescemos encontrando neles nossa semelhança. Ensinam-nos a melhor nos conhecer reconhecendo-nos num outro.

Livros que falam como a algazarra das multidões nos reduzem ao desespero pelo simples peso do seu vácuo.

Distraem-nos como as luzes das ruas da cidade à noite, com esperanças que não podem ser realizadas.

Por maiores e por mais amigos que nos possam ser, os livros não substituem, todavia, pessoas; são apenas meios de contato com grandes personalidades, com homens que possuíam mais do que sua parte individual de humanidade, homens dotados de qualidades para o mundo inteiro e não apenas para si.

Ideias e palavras não constituem o alimento da inteligência, mas sim a verdade. E não uma verdade abstrata, que alimenta apenas o espírito. A verdade que um homem espiritual busca é a verdade total, realidade, existência e essência conjuntamente, algo que possa ser abraçado e amado, algo que possa receber a homenagem e o serviço de nossas ações; mais do que uma coisa, mas pessoas ou uma pessoa. Aquele cuja essência é sobretudo existir: Deus.

Cristo, a palavra encarnada, é o Livro da Vida. Nele é que lemos Deus.

XV

A humildade é uma virtude, não é neurose.

Liberta-nos para que possamos agir virtuosamente, servir a Deus e conhecê-lo. A verdadeira humildade, portanto, jamais poderá inibir qualquer ação realmente virtuosa. Tampouco pode impedir-nos de nos realizarmos aderindo à vontade de Deus.

A humildade nos torna livres para fazermos o que é verdadeiramente bom, mostrando-nos nossas ilusões e retirando nossa vontade daquilo que era apenas um bem *aparente.*

Uma humildade que gela o nosso ser e frustra toda sã atividade não é, de modo algum, humildade, mas *uma forma disfarçada de orgulho.* Seca as raízes da vida espiritual, tornando impossível nossa entrega total a Deus.

Senhor, ensinaste-nos a amar a humildade, mas não aprendemos. Aprendemos somente a amar-lhe a camada externa – a humildade que torna alguém atraente e encantador. Por vezes, fazemos uma pausa para refletir sobre essas qualidades e muitas vezes fingimos possuí-las e tê-las adquirido "praticando a humildade".

Se fôssemos realmente humildes, saberíamos até que ponto somos mentirosos!

Ensina-me a aceitar uma humildade que, sem cessar, me faça ver que sou um mentiroso e um fingido, e que, mesmo assim, tenho a obrigação de procurar com esforço a verdade, de ser tão verídico quanto me seja possível, ainda que tenha que achar, inevitavelmente, toda a verdade de que sou capaz, envenenada pela duplicidade. Eis o que é terrível a respeito da humildade; nunca tem pleno êxito. Se ao menos fosse possível ser inteiramente humilde aqui na terra! Mas não, aí está o problema. Tu, Senhor, foste humilde. Nossa humildade, porém, consiste em sermos orgulhosos e termos plena consciência disso e nos sentirmos esmagados pelo peso insuportável desse fato, sem nada podermos fazer para remediá-lo.

Como és severo em tua misericórdia, e, no entanto, tens de ser assim. Tua misericórdia tem de ser justa, porque a tua verdade tem de ser verdadeira. Contudo, como és severo em tua misericórdia; pois quanto mais nos debatemos no esforço de sermos verídicos, tanto mais descobrimos nossa falsidade. Será misericordioso fazer-nos chegar por tua Luz, inexoravelmente, ao desespero?

Não – não é ao desespero que me conduzes, mas à humildade. Pois a verdadeira humildade é, de certo modo, um desespero muito real: desespero no que concerne a mim mesmo, a fim de que possa esperar inteiramente em ti.

Quem poderá suportar cair em tamanha escuridão?

XVI

Os sinos têm por finalidade lembrar-nos que Deus só é bom, que a ele pertencemos, que não vivemos para este mundo.

Invadem nossas ocupações, de maneira a nos recordar que tudo passa e que nossas preocupações são sem importância. Falam-nos de nossa liberdade, que as responsabilidades e os cuidados passageiros nos fazem esquecer.

São a voz de nossa aliança com Deus no céu.

Os sinos nos dizem que somos o verdadeiro templo do Senhor. Chamam-nos à paz com ele no mais íntimo de nós mesmos.

No final da bênção do Sino das igrejas, se lê o evangelho de Maria e Marta para que se possa recordar todas essas coisas.

Dizem os sinos: os negócios não têm importância. Repousa em Deus e regozija-te, pois este mundo é apenas figura e promessa de um mundo futuro, e só os que são desapegados das coisas transitórias podem possuir a substância de uma promessa eterna.

Dizem os sinos: há séculos fazemos ouvir nossa voz do alto das torres de grandes igrejas. Falamos aos santos, vossos pais, em suas terras. Nós os convidamos, como vos convidamos, à santidade. Qual foi a palavra que empregamos para chamá-los?

Não dissemos apenas: "sede bons, vinde à igreja". Não dissemos apenas: "guardai os mandamentos". Mas acima de tudo nossa voz proclamava: "Cristo ressuscitou, Cristo ressuscitou!" E dissemos: "Vinde conosco, Deus é bom, a salvação não é difícil, seu amor a tornou fácil!" E essa nossa mensagem se tem dirigido sempre a todos, aos que têm vindo e aos que não têm vindo, pois nosso canto é perfeito como o Pai do céu é perfeito e derramamos sobre todos nossa caridade.

XVII

Foi necessário, no paraíso, que Adão desse nomes aos animais. Assim, também, é-nos necessário dar nomes às coisas que participam do nosso silêncio; não de maneira a lhes perturbar a intimidade ou perturbar nossa própria solidão com pensamentos sobre essas coisas, mas para que o silêncio em que estão mergulhadas e que nelas permanece possa ser concretizado e identificado pelo que é. Os seres que estão em silêncio tornam o silêncio real, pois o seu silêncio se identifica com o seu ser. Falar em seu silêncio é falar em seu ser. Falar em seu ser é falar em seu silêncio. Deveria, portanto, ser um ato de reverência.

(A bênção que recebem os tornam mais dignos de reverência.)

A oração emprega palavras para reverenciar os seres em Deus. A magia emprega palavras para violar o silêncio e a santidade dos seres, tratando-os como se pudessem ser arrancados a Deus, possuídos e violentamente usurpados diante do seu silêncio. A magia é um insulto ao silêncio do Senhor, fazendo desse silêncio a máscara de um intruso, de um poder maligno que usurpa o trono de Deus e se substitui à sua presença. Mas que poderá substituir aquele que é? Somente aquilo que não é pode pretender usurpar o lugar de Deus. E, assim, apenas afirma a existência dele mais claramente, pois se suprimimos aquilo que não é das palavras "não é", ficamos apenas com a palavra "É".

No silêncio de Deus já vencemos a magia, vendo através do que não se encontra lá, e compreendendo que aquele que é está mais perto de nós do que o "não é" que tenta a todo momento colocar-se entre nós e ele.

A presença de Deus está presente à minha própria presença. Se sou, então ele é. E sabendo que sou, se penetro nas profundezas da minha própria existência e da minha realidade presente, o indefinível "sou" que constitui o meu ser em suas raízes mais profundas, então, através desse profundo centro, passo ao infinito "Eu sou" que é o próprio nome do Altíssimo.

Meu conhecimento de mim mesmo no silêncio (não pela reflexão sobre mim, mas pela penetração até o mistério de meu verdadeiro ser, que está além de palavras e de conceitos, porque é totalmente pessoal) se abre no silêncio e na "subjetividade" do próprio ser de Deus.

A graça de Cristo me identifica com a "palavra enxertada" *(insitum verbum)* que é o Cristo vivendo em mim. *Vivit in me Christus.* A identificação pelo amor conduz ao conhecimento, ao reconhecimento íntimo e obscuro, mas revestido de uma inexprimível certeza conhecida só na contemplação.

Quando "conhecemos" (na certeza obscura da fé iluminada pelo entendimento espiritual) que somos filhos de Deus no único Filho de Deus, experimentamos então algo do grande mistério de nossa existência em Deus e de sua presença em nós. Pois apreendemos, sem saber como, cheios de temor reverencial, a verdade inefável de que Deus, debruçando-se sobre o abismo de seu ser inexaurível, deu-nos participação em sua vida, revestiu-nos da luz de sua verdade e purificou-nos nas chamas do seu amor, tornando-nos um só – pelo poder da Cruz – com o seu filho unigênito. "Façamos o homem à nossa imagem e semelhança" (Gn 1,26). "Antes da aurora, como orvalho, eu te gerei!" (Sl 109,3).

Ó grande Pai de todas as coisas, cuja infinita luz é para mim trevas, cuja imensidade me é como um vácuo, chamaste-me, tirando-me de ti mesmo porque me amas em ti, e sou uma expressão transitória de tua inexaurível e eterna realidade. Se não me sustentasses unido a ti no coração do teu Filho Unigênito, não poderia conhecer-te, estaria perdido nessa escuridão, apartar-me-ia de ti nesse vácuo.

Pai, eu te amo, a ti que não conheço, e te abraço sem ver-te, abandono-me a ti a quem ofendi porque me amas em teu unigênito. Vês a ele em mim, abraças a ele em mim porque ele quis identificar-se completamente comigo por aquele amor que o levou à morte, por mim, na Cruz.

Venho a ti como Jacó nas vestes de Esaú, isto é, nos méritos e no precioso sangue de Jesus Cristo. E tu, Pai, que quiseste ser como cego na escuridão desse grande mistério, que é a revelação do teu amor, passas tuas mãos sobre minha cabeça e me abençoas como teu Filho Unigênito. Quiseste ver-me somente nele; assim, quiseste ver-me mais realmente como sou. Pois o meu ser pecador não é o meu verdadeiro "eu", não é o ser que quiseste para mim, mas apenas o ser que eu quis para mim. E não mais quero esse ser falso. Mas agora, Pai, venho a ti no ser de teu próprio Filho, pois foi o seu Sagrado Coração que tomou posse de mim e destruiu meus pecados e é ele que me apresenta a ti. E onde? No santuário de seu Coração, que é teu palácio e o templo onde os santos te adoram no Céu.

XVIII

É necessário chamar pelo nome aquele de cujo silêncio participo e que adoro, pois em seu silêncio também pronuncia meu nome. Só ele sabe meu nome, no qual também eu sei o seu nome. Pois no instante em que ele me chama "meu filho" tenho dele consciência como de meu Pai. Esse reconhecimento é, em mim, um ato; nele é uma pessoa. O ato em mim é o movimento de sua pessoa, seu espírito, seu amor, em mim. Quando ele se move, movo-me com ele, de maneira que sou eu também que entro em movimento. E, em meu movimento, desperto para reconhecer que "eu sou" e exclamo: "Abba, Pai".

Mas, desde que não sou meu próprio pai, é inútil querer despertar esse reconhecimento dele chamando-me "Filho" no vazio de meu próprio silêncio. Minha voz só é capaz de suscitar um eco sem vida, quando se faz ouvir para si mesma. Nunca haverá em mim um despertar, se não for retirado das trevas por aquele que é minha luz. Só aquele que é Vida é capaz de ressuscitar os mortos. E a não ser que chame por mim, permaneço na morte e meu silêncio é o silêncio da morte.

Logo que ele pronuncia meu nome, meu silêncio é o silêncio de vida infinita, e sei que *sou,* porque meu coração se abriu a meu Pai no eco dos anos eternos.

Minha vida é um ouvir. A dele é um falar. Minha salvação está em ouvir e responder. Para isso, deve minha vida ser silenciosa. Daí ser meu silêncio minha salvação.

O sacrifício que agrada a Deus é a oferenda de minha alma – e das almas de outros.

A alma está em atitude de oferta quando se mantém inteiramente atenta a ele. Meu silêncio, que me separa de tudo mais, é, pois, o sacrifício de todas as coisas e a oferenda de minha alma a Deus. É, portanto, o sacrifício mais agradável que lhe posso oferecer. Se conseguir ensinar a outros a viver nesse silêncio, estou oferecendo-lhe um sacrifício sumamente agradável. O conhecimento de Deus é melhor que holocaustos (Os 6,6).

O silêncio interior é impossível sem a misericórdia e a humildade.

Existe uma diferença entre *vocação* e *categoria*. Os que realizam plenamente sua vocação à santidade – ou que estão tentando realizá-la – são, por esse mesmo fato, impossíveis de classificar. Não entram nas categorias. Se, falando deles, mencionamos uma categoria, temos logo que nos explicar, precisando nosso pensamento, como se pertencessem igualmente a uma categoria de todo diversa. Em realidade, não estão em categoria alguma, são peculiarmente *eles mesmos*. Daí não serem considerados, pelos homens, dignos de muito amor e respeito, porque a individualidade deles é um sinal de que são muito amados de Deus e de que só ele conhece seu segredo, demasiadamente precioso para ser revelado aos homens.

O que veneramos nos santos, além e acima de tudo que sabemos, é este segredo: o mistério de uma inocência e de uma identidade perfeitamente escondida em Deus.

XIX

"Ouçamos todos juntos o fim deste discurso: Teme a Deus e observa os seus mandamentos, porque nisto está o homem todo" (Ecl 12,13).

"Quem penetrou a sabedoria de Deus, que precede todas as coisas?...

O temor de Deus é a plenitude da sabedoria e os seus frutos saciam...

O temor do Senhor é a coroa da Sabedoria; dá a plenitude da paz, e frutos de salvação...

Filho, se desejas a sabedoria, observa os mandamentos e Deus dá-la-á a ti"... (Eclo 1,3. 20.22.33).

No mais íntimo de nosso ser está Deus, que nos ordena ser e viver. Mas não o encontramos apenas pelo fato de encontrarmos nosso próprio ser.

Ordenando-nos *viver*, manda-nos, também, viver de determinado modo. Seu mandamento é não só que vivamos, mas que vivamos bem, e, finalmente, que sejamos perfeitos pelo fato de viver nele.

Assim, nas profundezas de nosso ser, colocou a luz da consciência, que nos dita a lei da vida. A vida quando se conforma a essa lei que é a vontade de Deus. Viver sob essa luz é o tudo do homem, pois assim chega a viver em Deus e por Deus. Extinguir essa luz por ações contrárias à lei do Senhor é corromper nossa natureza. Faz-nos insinceros para conosco mesmos e faz de Deus um mentiroso; todo pecado faz isso e conduz à idolatria, substituindo a falsidade à verdade de Deus.

Uma consciência falsa é um deus falso, um deus que não fala porque é mudo, e que nada realiza porque não tem poder. É máscara através da qual murmuramos a nós mesmos oráculos, contando a nós mesmos falsas profecias e dando-nos as respostas que queremos ouvir. "Eles trocaram a verdade de Deus pela mentira" (Rm 1,25).

O temor de Deus é o início da sabedoria.

A sabedoria é o conhecimento da Verdade em sua mais íntima realidade, a experiência da Verdade, a que se chega pela retidão de nossa própria alma. A sabedoria conhece a Deus em nós mesmos e nos conhece em Deus.

O temor, que constitui o primeiro passo para a sabedoria, é o temor de não sermos verdadeiros para com Deus e para conosco mesmos. É o temor de termos mentido a nós mesmos, de termos colocado nossa vida aos pés de um deus falso.

Mas todo homem é mentiroso, pois todo homem é pecador.

Todos fomos falsos para com Deus. "Mas Deus é verdadeiro, e todo homem é mentiroso", como está escrito (Rm 3,4). O temor de Deus, que é o início da sabedoria, é, portanto, o reconhecimento da "mentira que está em nossa mão direita" (Is 44,20).

"Se dissermos que não temos pecado, nos enganamos a nós mesmos e a verdade não está em nós... Se dissermos que não pecamos, fazemos dele um mentiroso e sua palavra não está em nós" (1Jo 1,8-10).

Portanto, o início da sabedoria é a confissão do pecado. Essa confissão nos obtém a misericórdia de Deus. Faz brilhar a luz de Sua Verdade em nossa consciência, sem o que não podemos evitar o pecado. Derrama em nossas almas a força de sua graça, ligando a ação de nossa vontade à verdade que está em nossa inteligência.

A solução do problema da vida é a própria vida. Não se realiza a vida pelo raciocínio e a análise, mas, antes de tudo, vivendo. Pois, enquanto não começamos a viver, falta à nossa prudência material com que trabalhar. E, enquanto não erramos, não temos ainda os meios para atingir o êxito que esperamos.

Parte II

O AMOR À SOLIDÃO

I

Amar a solidão e procurá-la não significa transportar-se de uma possibilidade geográfica a outra. O homem torna-se solitário no momento em que, seja qual for seu ambiente externo, toma, de repente, consciência de sua própria e inalienável solidão e compreende que jamais será outra coisa senão um solitário. Desde esse momento, a solidão não é apenas potencial – é atual.

Todavia, a solidão real sempre nos coloca concretamente em presença de uma possibilidade não realizada e até irrealizável de "perfeita solidão". Mas isso tem de ser bem compreendido; pois perdemos a realidade da solidão que já possuímos, se tentamos com demasiada ansiedade realizar a possibilidade exterior maior, que sempre nos parece, por um nada, fora de nosso alcance. A verdadeira solidão tem como um de seus elementos integrantes a insatisfação e incerteza que nos vêm do fato de estarmos em face de uma possibilidade não realizada. Não é uma busca frenética de possibilidades – e sim uma humilde aceitação que nos estabiliza em presença de uma enorme realidade que, em certo sentido, já possuímos, e que, por outro lado, é uma "possibilidade", um objeto de esperança.

Só quando o solitário morre e vai para o céu é que vê com clareza que essa possibilidade já estava atualizada em sua vida e ele não o sabia – pois sua solidão consistia, sobretudo, na "possibilidade" de possuir a Deus e nada mais senão Deus, em pura esperança.

II

Senhor, meu Deus, não sei para onde vou. Não vejo o caminho diante de mim. Não posso saber com certeza onde terminará. Nem sequer, em realidade, me conheço, e o fato de pensar que estou seguindo a tua vontade não significa que, em verdade, o esteja fazendo. Mas creio que o desejo de te agradar te agrada realmente. E espero ter esse desejo em tudo que faço. Espero que jamais farei algo de contrário a esse desejo. E sei que, se assim fizer, Tu me hás de conduzir pelo caminho certo, embora eu nada saiba a esse respeito. Portanto, sempre hei de confiar em ti, ainda que me pareça estar perdido e nas sombras da morte. Não hei de temer, pois estás sempre comigo e nunca me abandonarás, para que eu enfrente sozinho os perigos que me cercam.

III

Em nossa época, tudo tem de ser "problema". Nosso tempo é de ansiedade, porque assim o quisemos. Nossa ansiedade não nos é imposta, à força, do exterior. Nós a impomos ao mundo em que vivemos e a impomos uns aos outros.

A santidade, numa tal época, significa, sem dúvida, transportar-se da região da ansiedade à região em que não existe ansiedade. Ou talvez signifique aprender de Deus a não ter ansiedade em meio à ansiedade.

No fundo, como realça Max Picard, provavelmente resume-se nisso: viver num silêncio que reconcilie as contradições dentro de nós a tal ponto, que embora em nós permaneçam, deixam de constituir um problema (*World of Silence*, p. 66-67).

Sempre existiram contradições na alma do homem. Entretanto, estas só se tornam um constante e insolúvel problema quando preferimos, ao silêncio, a análise. Não nos cabe resolver todas as contradições, e sim viver com elas e nos elevarmos acima delas, e considerá-las à luz de valores externos e objetivos que, por comparação, as tornem triviais.

O silêncio, portanto, pertence à substância da santidade. No silêncio e na esperança se forma a fortaleza dos santos (Is 30,15).

Quando a solidão era um problema, eu não tinha solidão. Quando deixou de sê-lo, descobri que já a possuía e poderia tê-la possuído continuamente. Contudo, era ainda um problema, porque eu sabia, apesar de tudo, que uma solidão meramente subjetiva e interior, fruto de um esforço de interiorização, nunca bastaria. A solidão tem de ser objetiva e concreta. Tem de ser uma comunhão com algo maior que o mundo, grande como o próprio Ser, de maneira que na profunda paz da solidão encontremos Deus.

Colocamos palavras entre nós e as coisas. Até Deus se tornou mais uma irrealidade conceitual numa linguagem que não mais serve de meio para a comunhão com a realidade.

A vida solitária, sendo silenciosa, varre a cortina de fumaça composta de palavras que o homem estabeleceu entre sua mente e as coisas. Na solidão, permanecemos diante da realidade crua das coisas. E, no entanto, descobrimos que a crueza da realidade que nos inspirou temor não é causa nem de temor nem de vergonha. Está revestida da amável comunhão do silêncio, e esse silêncio está relacionado com o amor. O mundo, que nossas palavras tentaram classificar, controlar e até mesmo desprezar (porque não podiam contê-lo), se aproxima de nós, pois o silêncio nos ensina a conhecer a realidade respeitando-a lá onde as palavras a profanaram.

Quando já tivermos vivido bastante tempo a sós com a realidade que nos cerca, teremos aprendido o sentimento de veneração que nos ensinará como pronunciar algumas palavras boas sobre essa realidade, do fundo da nossa silenciosa quietude, que é mãe da Verdade.

As palavras estão colocadas entre silêncio e silêncio; entre o silêncio das coisas e o silêncio de nosso próprio ser. Entre o silêncio do mundo e o silêncio de Deus. Quando, de fato, encontramos e conhecemos o mundo do silêncio, as palavras não nos separam do mundo nem dos homens, nem de Deus, nem de nós mesmos, porque não mais confiamos inteiramente na linguagem humana como contendo a realidade.

A verdade se eleva do silêncio do ser à tranquila e tremenda presença da Palavra. Mergulhando, então, novamente, no silêncio, a verdade das palavras nos transporta até o silêncio de Deus.

Ou melhor, Deus surge como um tesouro, do mar, trazido pelas ondas, e quando a linguagem humana se esvai, o seu brilho permanece nas praias de nosso próprio ser.

IV

Sabe alguém que encontrou sua vocação, quando cessa de pensar em como viver e começa a viver. Assim, se alguém é chamado à vida solitária, deixará de se interrogar como deverá viver e começará a viver em paz somente quando se acha em solidão. Mas, se não é alguém chamado à vida solitária, quanto mais estiver só, tanto mais se preocupará em viver, e se esquecer de viver realmente. Quando não estamos vivendo ao nível de nossa vocação, o pensamento amortece nossa vida ou se substitui a ela, ou, então, cede à corrente da vida, de maneira que ela afoga a tal ponto nossa possibilidade de pensar que faz calar a voz da consciência. Quando encontramos nossa vocação – pensamento e vida são uma só coisa.

Suponhamos ter alguém encontrado a plenitude em sua verdadeira vocação. Nesse momento, tudo está unificado, em ordem, em paz. Agora, o trabalho não mais perturba a oração, nem a oração o trabalho. Agora, a contemplação não necessita mais de ser um "estado" especial a afastar das coisas ordinárias que acontecem em seu redor, pois Deus tudo penetra. Não há necessidade de se cogitar de dar contas de si próprio a ninguém senão a Deus.

V

É preciso encontrarmos o silêncio de Deus não só em nós mesmos mas também uns nos outros. A não ser que um outro nos fale em palavras que brotam de Deus e se comunicam com o silêncio de Deus em nossas almas, ficamos isolados em nosso silêncio, do qual Deus tende a se retirar. Pois o silêncio interior depende de um contínuo procurar, um contínuo gritar na noite, um repetido debruçar-se sobre o abismo. Se nos agarramos a um silêncio que pensamos ter encontrado uma vez para sempre, cessamos de buscar a Deus e o silêncio morre dentro de nós. Um silêncio em que ele não mais é procurado cessa de nos falar dele. Um silêncio do qual ele não parece estar ausente ameaça perigosamente sua contínua presença. Pois ele é encontrado quando procurado, e, quando não mais o buscamos, ele nos escapa. Só o podemos ouvir quando temos a esperança de ouvi-lo, e se, pensando estar nossa esperança realizada, deixamos de ouvir, cessa ele de falar, seu silêncio deixa de ser vivo e morre, ainda mesmo que o procuremos reavivar com o eco de nosso próprio ruído emocional.

VI

Senhor, não está exaltado o meu coração (Sl 130,1).

Tanto o orgulho quanto a humildade procuram o silêncio interior. O orgulho, por meio de uma imobilidade forçada, procura imitar o silêncio de Deus. Mas o silêncio de Deus é a perfeição da Vida Pura e o silêncio do orgulho é o silêncio da morte.

A humildade busca o silêncio, não na inatividade, mas na atividade ordenada, na atividade própria à nossa pobreza e incapacidade em face de Deus. A humildade se põe em oração e encontra o silêncio através de palavras. Mas, porque nos é natural passar das palavras ao silêncio e do silêncio às palavras, a humildade é silenciosa em todas as coisas. Até quando fala, a humildade escuta. As palavras da humildade são tão simples, tão mansas e tão pobres que, sem esforço, encontram o caminho para o silêncio de Deus. Em realidade, são o eco de seu silêncio, e, logo que são proferidas, o silêncio de Deus está nelas presente.

O orgulho tem medo de sair de si, por temor de perder o que dentro de si produziu. O silêncio do orgulho é, portanto, ameaçado pela ação da caridade. Mas, desde que a humildade nada encontra em si (pois é a humildade seu próprio silêncio), nada pode perder da paz e do silêncio saindo de si para ouvir a outros ou para lhe falar por amor a Deus. Em todas as coisas a humildade está silenciosa e em repouso; até mesmo o trabalho da humildade é repouso. *In omnibus requiem quaesivi.*

Não é o falar que rompe nosso silêncio, mas a ansiedade de ser ouvido. As palavras do orgulhoso impõe silêncio aos demais, de maneira a que só ele possa ser ouvido. O humilde fala somente para que lhe falem. O humilde nada pede senão uma esmola; depois, espera e escuta.

Recebemos o Cristo ouvindo a palavra da fé. Trabalhamos na obra da nossa salvação em silêncio e na esperança; mais cedo ou mais tarde, porém, chega a hora em que devemos abertamente confessá-lo diante dos homens e, em seguida, diante de todos os que habitam o céu e a terra.

Se nossa vida se derrama em palavras inúteis, jamais ouviremos algo, jamais nos tornaremos algo e, no fim – porque já dissemos tudo antes de termos tido algo a dizer –, ficaremos sem fala no momento de nossa maior decisão.

Todavia, o silêncio está ordenado a essa declaração final. Não é um fim em si. Toda nossa vida é uma meditação sobre nossa decisão final – a única que importa. E meditamos em silêncio. Contudo, até certo ponto, temos obrigação de falar a outros, de ajudá-los a discernir o caminho que os levará à sua decisão final, a ensinar-lhes o Cristo. Ensinando-lhes Cristo, nossas próprias palavras lhes ensinam um novo silêncio da Ressurreição. Nesse silêncio, são eles formados e preparados, a fim de que possam também falar o que ouviram. "Eu acreditei. Eis por que falei" (Sl 115,1).

VII

Quando me liberto pelo silêncio, quando não mais estou envolvido em calcular a vida mas em vivê-la, posso descobrir uma forma de oração em que efetivamente não há distrações. Toda a minha vida se torna oração. Todo o meu silêncio está repleto de oração. O mundo de silêncio em que me acho imerso contribui para a minha oração.

A unidade – que é a tarefa da pobreza na solidão – reúne todas as feridas da alma e as cicatriza. Enquanto permanecemos pobres, enquanto estamos vazios, em nada interessados a não ser em Deus, não podemos estar distraídos. Pois a nossa própria pobreza nos impede de sermos "esquartejados".

Se a luz que está em ti se tornar trevas...

Suponhamos que minha "pobreza" seja uma fome secreta de riquezas espirituais; suponhamos que, fingindo estar vazio de mim mesmo, fingindo ser silencioso, estou em realidade tentando fazer agrados a Deus para que ele me enriqueça com alguma experiência – o que, então, acontece? Tudo se torna uma distração. Todas as coisas criadas se interpõem à minha busca de uma experiência particular. Tenho de repeli-las, ou elas me esquartejarão. O que é pior – eu próprio sou uma distração. Entretanto, o mais triste de tudo – se minha oração está centrada em mim mesmo, se procura apenas um enriquecimento próprio, será ela, potencialmente, minha maior distração. Repleto da minha própria curiosidade, provei da árvore da ciência, separando-me de mim mesmo e de Deus. Permaneço rico e só, e coisa alguma pode saciar-me a fome; tudo que toco se transforma em distração.

Que eu procure, pois, o dom do silêncio, da pobreza e da solidão, onde tudo que toco se transforma em oração; onde o céu é minha oração, os pássaros são minha oração, o vento nas árvores é minha oração, pois Deus é tudo em tudo.

Para que isso aconteça, tenho de ser pobre. Nada devo procurar; mas devo contentar-me com o que recebo de Deus. A verdadeira pobreza é a do mendigo que se sente feliz em receber esmolas de qualquer um, mas sobretudo de Deus. A *falsa* pobreza é a do que finge ter a autossuficiência de um anjo. A verdadeira pobreza é, portanto, um receber e um dar graças, guardando só aquilo de que precisamos para nos nutrir. A *falsa* pobreza finge não precisar, finge não pedir, esforça-se por tudo conseguir e recusa ter gratidão seja pelo que for.

VIII

Se, portanto, vos disserem: "Ei-lo no deserto", não acrediteis, não deveis sair. Se vos disserem: "Ei-lo no interior da casa", não acrediteis. Porque, como o relâmpago sai do oriente e se mostra até o ocidente, assim será a vinda do Filho do Homem" (Mt 24,26-28).

Cristo, que virá inesperadamente no fim dos tempos – e ninguém pode antever o instante de sua vinda –, vem, a cada momento do tempo, também, àqueles que são seus e não podem ver nem antever sua vinda. Todavia, onde estão, ele está. Como as águias, se reúnem, como que por intuição, sem saber como, e o encontram a cada instante.

Assim como não se pode dizer com segurança quando e onde ele aparecerá no fim do mundo, também não se pode dizer com certeza quando e onde ele há de se manifestar às almas contemplativas.

Muitos há que o têm procurado no deserto sem encontrá-lo, e muitos outros nele se esconderam em reclusão, mas o Senhor recusou-se a se manifestar a eles. É tão fácil prendê-lo como prender um relâmpago... E, como um raio, ele se lança para onde quer.

Todas as almas verdadeiramente contemplativas têm em comum, não o reunir-se exclusivamente no deserto, nem o fechar-se em reclusão, mas sim o fato de lá, onde está ele, estarem também elas. E como o encontram? Por alguma técnica? Não existe técnica para encontrar o Senhor. Elas o encontram por meio de *Sua vontade*. E sua vontade, concedendo-lhes a graça interiormente e organizando-lhes exteriormente a vida, leva-as, de modo infalível, ao lugar exato onde o podem encontrar. Mesmo assim, não sabem como lá chegaram ou o que, em realidade, estão fazendo.

Logo que alguém está disposto a ficar só com Deus, estará só com ele, não importa onde se encontre – no campo, no mosteiro, na floresta, na cidade. O relâmpago resplandece do oriente ao ocidente, iluminando o horizonte todo e fulmina onde quer; assim, a infinita liberdade de Deus resplandece nas profundezas da alma e a ilumina. Nesse momento, vê a alma, que, embora pareça estar no meio da viagem, já alcançou, em realidade, o termo. Pois a vida da graça, aqui na terra, é o início da vida de glória. Se bem que viajar no tempo, abriu o homem, por um instante, os olhos sobre a eternidade.

IX

É algo de bem maior, e é melhor oração viver naquele que é infinito e se alegrar porque é ele infinito do que se esforçar sempre por ajeitar a sua imensidade no estreito espaço de nossos corações. Enquanto eu me sentir feliz em saber que ele é infinitamente maior do que eu e que não posso conhecê-lo se ele não se manifestar a mim, terei paz e ele estará perto de mim e em mim, e repousarei nele. Mas, logo que deseje conhecê-lo e fruir dele egoisticamente, procuro prendê-lo, fazendo violência àquele que me escapa, e, assim, faço violência a mim mesmo, recaindo sobre mim mesmo com tristeza a ansiedade, sabendo que ele de mim se apartou.

Na verdadeira oração, se bem que cada momento silencioso permaneça o mesmo, cada momento é uma nova descoberta de um novo silêncio, uma nova penetração naquela eternidade em que todas as coisas são novas. Sabemos, por uma espontânea descoberta, a profunda realidade que constitui nossa existência concreta aqui e agora e, nas profundezas dessa realidade, recebemos do Pai luz, verdade, sabedoria e paz, que são o reflexo de Deus em nossas almas, feitas à sua imagem e semelhança.

X

Seja esta a minha única consolação, que, esteja eu onde estiver, tu, meu Senhor, és amado e louvado.

De fato, as árvores te amam sem te conhecer. Os lírios raiados e flores do campo lá estão proclamando que te amam, sem ter consciência da tua presença. As belas nuvens escuras atravessam vagarosamente o céu pensando em ti, como crianças que não sabem com que sonham, enquanto brincam.

Mas, em meio a tudo isso, eu te conheço e conheço a tua presença. Neles, e em mim, conheço o amor que eles desconhecem e, o que mais é, fico confuso pela presença do teu amor em mim. Ó amor bom e terrível que tu me deste e que não poderia jamais estar em meu coração se tu não me amasses! Pois, em meio a esses seres que nunca te ofenderam, sou amado por ti, e, talvez, sobretudo como alguém que te ofendeu. Debaixo deste céu, tu me vês e vês minhas ofensas, tu as esqueceste – mas eu não as esqueci.

Só uma coisa te peço: que a lembrança delas não me faça ter medo de receber em meu coração o dom do amor – que em mim colocaste. Recebê-lo-ei porque sou indigno. E, assim, amar-te-ei muito mais e darei à tua misericórdia maior glória.

Lembrando-me de que fui pecador, amar-te-ei apesar do que fui, ciente de que meu amor é precioso porque é mais teu do que meu; que ele te é precioso porque vem de teu próprio Filho, mas ainda mais porque faz de mim teu Filho.

XI

Vocação à solidão – entregar-se, dar-se, confiar-se completamente ao silêncio de uma paisagem de bosques e montes ou do mar ou do deserto; ficar sentado, imóvel, enquanto o sol desponta sobre a terra e enche de luz o silêncio. Orar e trabalhar pela manhã e dar-se ao labor e ao repouso à tarde, e, novamente, ao entardecer sentar-se quieto meditando, quando cai a noite sobre a terra e quando o silêncio se enche de escuridão e de estrelas.

Essa é uma verdadeira e particular vocação. Poucos há que estejam prontos a pertencer inteiramente a um tal silêncio, a deixá-lo penetrar em seus ossos, a nada respirar a não ser em silêncio, a se nutrir de silêncio e a transformar a própria substância de sua vida em um silêncio vivo e vigilante.

O mártir é aquele que tomou uma decisão tão forte que pode ser provado pela morte.

O solitário é alguém que tomou uma decisão tão forte que pode ser provado pelo deserto, isto é, pela morte. Pois o deserto está cheio de incerteza e perigo, humilhação e medo, e o solitário vive o dia em face da morte. Logo, é claro que o solitário é o irmão mais moço do mártir. É o próprio Espírito Santo que toma a decisão de segregar os mártires e os solitários em Cristo.

A vocação ao martírio é carismática e extraordinária. Também o é, em certo sentido, a vocação à solidão. Não nos tornamos mártires por algum plano humano, e não nos tornamos solitários por alguma decisão própria. Até que o desejo da vida solitária tem de ser sobrenatural se deve ser frutuoso, e, se for sobrenatural, será também, provavelmente, uma contradição de muitos de nossos planos e desejos. Podemos, de fato, olhar para o futuro, prever e desejar a senda que leva ao deserto, mas, afinal, os solitários são feitos por Deus, não pelos homens.

Sejamos nós chamados à vida em comunidade ou à solidão, nossa vocação consiste em construir sobre o fundamento dos Apóstolos e dos profetas a pedra angular que é Cristo. Quer isso dizer que somos chamados a preencher e realizar o grande mistério de seu poder em nós, o poder que o ressuscitou dos mortos e nos chamou dos confins da terra para vivermos para o Pai, nele. Seja qual for nossa vocação, somos chamados a ser testemunhas e ministros da Divina Misericórdia.

O solitário cristão não procura a solidão apenas como atmosfera ou quadro para uma espiritualidade exaltada especial. Tampouco busca a solidão como meio favorável para obter algo que ele deseje – a contemplação. Procura a solidão como expressão de seu dom total a Deus. Sua solidão não é meio para obter algo, e sim dom de si. Como tal, pode significar renúncia e desprezo do "mundo" em seu sentido mau. Nunca é renúncia à comunidade cristã. Pode, em realidade, expressar a convicção do solitário de que não é ele suficientemente apto para a maior parte dos exercícios visíveis da comunidade, que lhe cabe preencher alguma função escondida, na cela espiritual da comunidade.

XII

A vida solitária é, sobretudo, vida de oração.

Não oramos simplesmente para orar, e sim para sermos ouvidos. Não oramos para ouvir-nos orar, mas a fim de que Deus nos possa ouvir e responder. Tampouco oramos para receber apenas qualquer resposta: tem de ser a resposta de Deus.

Portanto, será o solitário alguém que está sempre em oração e sempre atento ao Senhor, cuidadoso da pureza de sua oração a Deus, velando para não substituir suas próprias respostas às de Deus e não fazer da oração um meio em si, cuidadoso em manter sua oração escondida, simples e sem mancha. Assim, poderá esquecer-se de que sua "perfeição" depende de sua oração; poderá esquecer-se a si mesmo e viver na expectativa das respostas do Senhor.

Parece-me que isso não é bem compreensível se esquecemos que a vida de oração está fundada sobre a oração de *petição* – não importa em que se possa transformar mais tarde.

Longe de arruinar a pureza da oração solitária, a petição protege e mantém essa pureza. Mais do que ninguém, está o solitário sempre consciente, diante de Deus, de sua pobreza e de suas necessidades. Desde que depende diretamente de Deus para tudo, tanto no material como no espiritual, tem de pedir tudo. Sua oração é a expressão de sua pobreza. Para ele, a petição não se pode tornar uma formalidade, uma concessão à rotina, ao conformismo, como se ele não precisasse de Deus em tudo.

Sendo o solitário homem de oração, chegará a conhecer a Deus, sabendo que sua oração é *sempre ouvida*.

Daí poderá, se Deus o quiser, elevar-se à contemplação. A gratidão é, portanto, o centro da vida solitária, como o é da vida cristã.

Desde o seu primeiro dia de vida solitária, deverá o solitário esforçar-se por compreender como afligir todo o seu ser por lágrimas e desejos diante do Senhor. Será, então, como Daniel, a quem o anjo trouxe a resposta de Deus (cf. Dn 10,12). "Não temas, Daniel, pois desde o primeiro dia procuraste *compreender e afligir-te* diante de Deus; foram ouvidas tuas palavras..."

Qualidades da oração:

1. Fé que não hesita (Mt 21,21; Tg 1,6), que depende da "simplicidade" de intenção e de espírito.

2. Confiança perseverante (Lc 11).

XIII

Parece que a vida contemplativa solitária é uma imitação e uma realização em nós das palavras de Jesus: "O Filho não pode fazer coisa alguma por si mesmo, senão o que vir o Pai fazer; porque tudo que ele fizer, também o faz igualmente o Filho. Porque o Pai ama ao Filho e mostra-lhe tudo que faz" (Jo 5,19-20).

Consiste essa imitação em ser e agir para com Jesus como Jesus é e age para com o Pai (Jo 5,24). "Aquele que ouve a minha palavra e crê naquele que me enviou tem a vida eterna..." O Pai atrai-nos a Jesus (Jo 6,37; 6,44-45). "Todo aquele que ouve o Pai vem a mim". Ouvimos melhor o Pai na solidão (Jo 6,58). "Assim como o Pai me enviou e eu vivo por causa do Pai, assim o que me come, esse também viverá por mim" (Jo 6,58). Jesus é o Pão da Vida, que nos é dado na solidão.

A vida solitária é, portanto a vida de alguém atraído pelo Pai ao deserto para lá ser nutrido por nenhum outro alimento a não ser Jesus. Pois em Jesus o Pai se dá a nós e nos nutre de sua inexaurível vida. A vida de solidão, portanto, tem de ser comunhão contínua e ação de graças em que, pela fé, contemplamos tudo que se passa nas profundezas de Deus e perdemos o gosto por qualquer outra vida e qualquer outro alimento espiritual.

Também, parece-me que é pelo espírito de abandono do salmista que a vida solitária realiza os textos acima citados: *"Sou um mendigo e um pobre; o Senhor cuida de mim"* (Sl 39,18).

Vivemos em constante dependência dessa misericordiosa bondade do Pai; assim, nossa vida toda é vida de gratidão – uma contínua resposta à sua ajuda, que a cada momento nos é concedida. Creio que todos descobrem isso, seja qual for sua vocação, contanto que seja a sua verdadeira vocação.

A vida solitária é uma vida em que lançamos nossos cuidados no Senhor e nos regozijamos somente no auxílio que nos vem dele. Tudo que ele faz é nossa alegria. Reproduzimos em nós sua bondade pela gratidão. (Ou nossa gratidão é o reflexo de sua misericórdia. É o que nos torna semelhantes a ele.)

A vida verdadeiramente solitária tem caráter inteiramente diverso da solidão parcial que pode ser desfrutada uma vez ou outra nos intervalos permitidos pela vida em sociedade. Quando gozamos de nossa solidão nos intervalos, saboreamos-lhe o gosto por contraste com outro valor. Mas quando vivemos realmente sós, não há contraste.

Não devo ir à solidão para imobilizar minha vida, para tudo reduzir a uma concentração rígida sobre alguma experiência interior. Quando a solidão alterna com a vida em comum, pode tomar esse caráter de uma parada, de um momento de quietude, um intervalo de concentração. Onde, porém, a solidão não é um intervalo, mas um todo contínuo, bem podemos renunciar inteiramente à sensação de estarmos concentrados e ao sentimento de imobilidade espiritual. Toda a nossa vida pode, então, ser um fluir ao encontro do ser e do silêncio dos dias, em que estamos imersos, e podemos nos aplicar à obra de nossa salvação por uma ação tranquila e contínua.

É mesmo possível que na solidão eu volte a meus inícios e redescubra o valor e a perfeição da simples oração vocal – fruindo maior alegria nisso do que na contemplação.

De maneira que poderá o cenobita estar na mais elevada contemplação, enquanto o eremita tem apenas seu *Pater* e sua *Ave Maria*. Assim, escolho a vida do eremita em que vivo em Deus, *sempre* falando-lhe com simplicidade, de preferência a uma vida de atividade desconexa, sublimada por alguns momentos de fogo ardente e exaltação.

O solitário é necessariamente alguém que faz aquilo que quer. Em realidade, nada mais tem a fazer senão isso. Por isso é que sua vocação é, ao mesmo tempo, perigosa e desprezada. Perigosa porque ele deve, de fato, se tornar um santo fazendo aquilo que quer, em lugar de fazer aquilo que não quer. É muito difícil tornar-se santo fazendo aquilo de que gostamos. Quer isso dizer que o que nos agrada é sempre a vontade de Deus. Significa, portanto, não ser provável que nos agrade o que não é da vontade de Deus, e que Deus encobrirá, ele próprio, nossos enganos na escolha, aceitando-os, em boa parte, como "Sua vontade".

Essa vocação é sabiamente desprezada pelos que temem fazer o que lhes agrada, pois bem sabem que o que lhes agrada fazer não é a vontade de Deus. Contudo, o solitário deve ser alguém que tenha a coragem de fazer, neste mundo, aquilo que mais tem vontade de fazer – viver em solidão. Requer isso humildade e esperança heroicas – a louca esperança de que Deus o protegerá contra si mesmo, de que Deus o ama tanto que aceitará essa escolha como se fora a dele próprio. Uma tal esperança é sinal de que a escolha da vida em solidão é escolha de Deus, de que o desejo de solidão é possivelmente uma vocação divina, que supõe a graça de agradar a Deus tomando nossas decisões na humilhante incerteza de um silêncio interminável que nunca aprova nem desaprova uma só de nossas opções.

Deveria eu ser capaz de voltar cada vez à solidão como ao lugar que jamais descrevi a ninguém, ao lugar ao qual nunca convidei ninguém a ver, como ao lugar cujo silêncio acalentou uma vida interior conhecida unicamente por Deus.

XIV

Rezamos melhor quando nossa alma está vazia de toda imagem, salvo a imagem do Pai invisível. Essa imagem é a sabedoria do Pai, o Verbo do Pai, *Verbum Spirans amorem*, a glória do Pai.

Glorificamos o Pai pela esperança, através da treva de tal imagem, que exclui de nossa alma toda outra semelhança, e nos faz viver por uma pura relação e dependência com o Pai. Essa vida de dependência realizada na fé pura é a única que se harmoniza com o nosso caráter sacramental de filhos do Pai em Cristo.

Excluindo imagens.

Só o puro amor pode esvaziar perfeitamente a alma das imagens das coisas criadas, e nos elevar acima do desejo.

Dispondo-nos a isso, não precisamos tentar, sozinhos, a vã tarefa de nos esvaziarmos de toda imagem: temos, em primeiro lugar, de substituir as imagens más pelas boas; em seguida, renunciamos até às imagens boas que são inúteis ou que inutilmente suscitam paixões e emoções. A paisagem é um bom meio de nos libertar de todas essas imagens, pois acalma e pacifica a imaginação e as emoções e deixa a vontade livre para procurar Deus na fé.

A ação tão delicada da graça na alma é profundamente perturbada por toda violência humana. Quando a paixão é desordenada, violenta o espírito, e a mais perigosa violência que causa é aquela em que parecemos encontrar paz. A violência não é inteiramente irremediável, a não ser quando cessa de nos perturbar.

A paz que é produzida pela graça consiste numa estabilidade espiritual demasiadamente profunda para ser atingida pela violência – é inamovível, a não ser que nós mesmos demos entrada no santuário de nossas almas ao poder da paixão. A emoção pode perturbar a superfície de nosso ser, não conseguirá, todavia, sacudir-lhe as profundezas, se elas estiverem firmadas na graça e por ela possuídas.

A violência, no plano espiritual, é tanto mais perigosa quanto mais espiritual – isto é, menos emocional. A violência que age no íntimo da vontade sem nenhuma profunda perturbação na superfície arrasta todo o nosso ser a um estado de cativeiro sem luta aparente. Tal é a violência do pecado deliberado e não resistido, que tem a aparência de paz e não de violência.

Há, também, a violência do desejo desordenado e consentido que, geralmente, não é pecaminoso, mas impede a operação da graça e torna mais fácil a perda da caridade. Um tal consentimento nos prende profundamente, com demasiada força, às decisões inspiradas pela paixão, e isso, entretanto, pode acontecer com o pretexto de servir a Deus. A mais perigosa violência no plano espiritual é a que se apodera de nossa vontade com um falso entusiasmo que parece vir de Deus, mas que é, em realidade, inspirada pela paixão.

Muitos de nossos mais acariciados projetos para a glória de Deus nada mais são do que paixão desordenada disfarçada. A prova disso se acha na excitação que produzem. O Deus da paz nunca é glorificado pela violência.

Há só uma espécie de violência que conquista o Reino dos Céus – a violência que impõe a paz às profundezas da alma em meio às paixões. Essa violência nada mais é do que ordem e é produzida em nós pela autoridade e a voz do Deus da paz, fazendo-se ouvir do seu lugar santo.

"Tu habitas no lugar santo, ó glória de Israel" (Sl 21,4).

XV

Logo que nos encontramos realmente sós, estamos com Deus. Alguns vivem para Deus, outros vivem com Deus, outros, ainda, vivem em Deus.

Os que vivem para Deus, vivem com outras pessoas e se entregam às atividades da comunidade. Sua vida está naquilo que fazem.

Os que vivem com Deus, também vivem para ele, mas não vivem naquilo que para ele fazem. Vivem no que diante dele são. Consiste sua vida em ser dele um reflexo, pela própria simplicidade com que vivem e pela perfeição do seu ser que se reflete na pobreza deles.

Os que vivem em Deus não vivem com os outros ou em si mesmos, ainda menos no que fazem, pois ele é quem tudo faz neles.

Sentado que estou debaixo desta árvore, posso viver para Deus, ou com ele ou nele.

Se eu estivesse escrevendo isso *para* ele, não seria bastante.

Para viver com Deus é necessário refrear constantemente nossa inclinação para falar e moderar nossos desejos de comunicação com outros, mesmo sobre Deus.

Todavia, não é difícil viver em comunhão ao mesmo tempo com os outros e com Deus, contanto que os encontremos nele.

A vida em solidão é – essencialmente – a mais simples. A vida em comum nos prepara para a vida solitária na medida em que *encontramos* a Deus na simplicidade da vida comum – e em seguida o procuramos mais e o encontramos melhor na *simplicidade maior* da solidão.

Se, porém, nossa vida comum se vê intensamente complicada (por nossa própria culpa) – é provável que nos tornemos ainda mais complicados na solidão.

Não devemos fugir da comunidade à procura da solidão. Devemos primeiramente encontrar Deus na comunidade; em seguida, ele nos conduzirá à solidão.

Não pode alguém compreender o verdadeiro valor do silêncio se não possui sincero respeito pelo valor da linguagem; pois a realidade que se expressa na linguagem é encontrada diretamente, sem intermediário, no silêncio. Nem nos seria possível encontrar essa realidade em si mesma – isto é, em seu próprio silêncio, sem que primeiro lá chegássemos pela linguagem.

Palavras do Evangelho:

1) Jesus *realiza as palavras* dos profetas (Jo 12,32 e Moisés – especialmente Jo 5,47). Seus milagres foram "palavras" – eles não acreditaram nas palavras. "Quem deu crédito ao que nós ouvimos?" (Is 53,1). As *palavras* de Jesus hão de julgar o mundo (Jo 12,41; Jo 15,22).

2) As palavras de Jesus são palavras do Pai (Jo 12,49; Jo 17,8).

3) Suas palavras nos *santificam* (Jo 15,3).

4) Especialmente na medida em que são ou implicam preceitos que nos guardam no seu amor (Jo 15,10.11.12) e nos conduzem, por ele, ao Pai (Jo 17,6-10).

Palavras no Gênesis: (2,19-20) Adão dá nomes aos animais, 23. Dá nome à Mulher (3,20). Chama-a Eva.

Palavras em S. Paulo: "Deixai que a palavra de Cristo habite em vós com abundância (Cl 3,16). Ver os motivos para não mentir. Comparar a Parábola do Semeador. "A semente é a Palavra de Deus" (Lc 8).

XVI

Encontramos Deus em nosso próprio ser, que é o espelho de Deus.

Mas como encontramos o nosso ser?

As ações são as portas e as janelas do ser. E a experiência de nossa existência não é possível sem alguma experiência do saber ou alguma experiência da experiência.

Daí não podemos encontrar as profundezas do nosso ser pela renúncia a toda atividade.

Se renunciamos à atividade espiritual, podemos cair numa certa escuridão e paz, mas será a escuridão e a paz da carne.

Sentimos que somos, mas o ser que experimentamos é o ser carnal apenas, e se permanecemos no sono dessa treva e nos apegamos à sua doçura, despertaremos para executar obras da carne.

Assim, para encontrar nosso ser espiritual, temos de seguir o caminho traçado por nossa atividade espiritual.

Mas, quando agimos de acordo com a graça, nossas ações não são somente nossas, pertencem a Deus. Se as seguirmos até a sua fonte, nos tornaremos, ao menos potencialmente, capazes de uma experiência de Deus. Pois suas ações em nós nos revelam o seu ser.

O sentido todo da vida consiste em espiritualizar nossas atividades pela humildade e a fé, e em silenciar nossa natureza pela caridade.

"Sair de nós mesmos" é agir no próprio cimo de nosso ser, movidos, não por nossa natureza, mas por Deus que, ao mesmo tempo, está infinitamente acima de nós e habita, no entanto, nas profundezas de nosso ser.

Repousar dessa ação – quero dizer, saborear o fruto dessa ação – é repousar no ser de Deus acima do nosso ser. – Lá onde está o teu tesouro, lá está, também, o teu coração. Reconhecemos que todo valor (tesouro) relativo à nossa ação espiritual vem de Deus – e nosso coração repousa na fonte de que promana tudo que em nós é bom. Não possuímos nosso ser em nós mesmos, mas somente naquele de quem ele brota.

Pela fé, encontro em Deus meu verdadeiro ser. Um ato de fé perfeito deveria ser, ao mesmo tempo, um ato de perfeita humildade.

Deus não revela seus mais puros segredos a quem está pronto a revelá-los. Tem segredos que desvenda aos que saberão comunicar a outros alguma ideia deles. Esses segredos, todavia, são propriedade comum a todos. Tem outros segredos que não podem ser contados. O simples fato de contá-los nos torna inaptos a recebê-los.

O maior de todos os segredos de Deus é o próprio Deus.

Espera ele para se comunicar a mim de um modo que jamais poderei expressar a outros ou mesmo em que não saberei eu próprio pensar de maneira coerente. Devo desejar isso em silêncio. Para isso é que devo largar todas as coisas.

XVII

A grande tarefa da vida em solidão é a gratidão. O eremita é alguém que conhece melhor que outros a misericórdia de Deus, porque sua vida toda é de inteira dependência, em silêncio e na esperança, para com a secreta misericórdia de nosso Pai do Céu.

Quanto mais adentro na solidão, tanto mais claramente vejo a bondade de todas as coisas.

Para poder viver feliz em solidão, tenho de ter um conhecimento cheio de compaixão a respeito da bondade dos outros, um conhecimento reverente sobre a bondade da criação inteira, um conhecimento humilde da bondade de meu próprio corpo e de minha alma. Como posso viver em solidão, se por toda parte não vejo a bondade de Deus, meu Criador e Redentor, o Pai de todo bem?

Qual a causa que me tornou mau e odioso a mim mesmo? Foi minha própria loucura, minha treva, que me dividiu, pelo pecado, opondo-me à luz que Deus colocou em minha alma para ser reflexo de sua bondade e testemunha de sua misericórdia.

Poderei expulsar o mal de minha alma lutando contra a minha treva? Não foi isso que Deus planejou para mim. Basta desviar-me de minha escuridão, voltando-me para a sua luz. Não tenho de fugir de mim mesmo; basta que me encontre a mim mesmo, não como me fiz, por minha própria estupidez, mas como ele me fez em sua sabedoria e, em sua infinita misericórdia, me refez. Pois é vontade sua que meu corpo e minha alma sejam o templo de seu Espírito Santo, que minha vida seja o reflexo irradiante de seu amor e que todo o meu ser repouse em sua paz. Então, conhecê-lo-ei em verdade, desde que esteja eu nele e que ele esteja, realmente, em mim.

XVIII

Os salmos são, em verdade, o jardim do solitário, e as escrituras, o seu paraíso. Revelam-lhe seus segredos, porque, em sua extrema pobreza e humildade, nada mais tem para fazê-lo viver a não ser os frutos que aí colhe. Para o verdadeiro solitário, a leitura da Sagrada Escritura deixa de ser um "exercício" entre outros exercícios, um meio de "cultivar" o intelecto ou "a vida espiritual", ou ainda um meio de "apreciar a liturgia". Àqueles que leem a Escritura num estilo acadêmico, ou estético, ou apenas "devocional", a Bíblia, de fato, oferece um agradável refrigério e pensamentos úteis. Mas, para penetrar nos segredos íntimos das Escrituras, temos de fazer delas, em verdade, nosso pão cotidiano. Temos de nelas encontrar a Deus nos momentos em que mais dele necessitamos – e, geralmente, quando não temos nenhum outro lugar onde encontrá-lo e lugar algum onde procurar!

Na solidão descobri, enfim, que desejaste o amor de meu coração, ó meu Deus, o amor de meu coração tal como é – o amor do coração de um homem. Descobri e soube, por tua grande misericórdia, que o amor do coração de um homem abandonado, ferido e pobre te é extremamente agradável e atrai o teu olhar compassivo, e que é teu desejo e tua consolação, ó Senhor meu, estar bem perto daqueles que te amam e te têm por Pai; que não tens, talvez, maior "consolação" (se posso assim me expressar) do que consolar teus filhos aflitos e os que a ti vêm pobres e de mãos vazias, sem outra coisa a não ser a condição humana, suas limitações e grande confiança em tua misericórdia.

Foi unicamente a solidão que me ensinou que não tenho de ser um deus ou um anjo para te ser agradável, que não tenho de me tornar uma pura inteligência, sem sentimentos e sem imperfeição humana, para que consintas em ouvir minha voz.

Não esperas que me torne grande para estar comigo, ouvir-me e me atender. Foi minha baixeza e condição que te levaram a fazer de mim teu igual, condescendendo a colocar-te a meu nível e a viver em mim por tua misericordiosa providência.

E agora é desejo teu, não que eu te dê as graças e o reconhecimento que recebes de teus anjos magníficos, mas o amor e a gratidão que brotam do coração de uma criança, filho de uma mulher, teu próprio filho.

Meu pai, sei que me chamaste para viver só contigo e para aprender que se não fora eu um mero homem, mera criatura humana capaz de todos os enganos e de todo mal, capaz, também, de um amor frágil e fugidio por ti, não seria capaz de ser teu filho. Tu desejas o amor do coração de um homem porque teu divino filho te ama também com o coração de um homem, e se fez homem para que o meu coração e o dele te amassem com um mesmo amor, que é um amor humano produzido e movido por teu Espírito Santo.

Se, portanto, eu não te amar com o amor e a simplicidade de um homem, e com bastante humildade para ser eu mesmo, jamais provarei toda a doçura de tua paternal misericórdia, e teu Filho, no que toca à minha vida, terá morrido em vão.

Necessário é que eu seja humano e permaneça humano, para que a Cruz de Cristo não seja vã. Jesus não morreu para os anjos, mas para os homens.

É isso que, na solidão, aprendo dos salmos, pois os salmos estão repletos da simplicidade bem humana de homens como Davi que, como homem, conhecia a

Deus e, como homem, o amava, e, portanto, o conhecia, o Deus único e verdadeiro, que haveria de mandar aos homens seu Filho Unigênito, em forma humana, à semelhança do homem, para que os homens, ainda que permanecendo homens, o amassem com amor divino.

E é esse o mistério de nossa vocação: que não deixemos de ser homens para nos tornarmos anjos ou deuses, mas que o amor de meu coração de homem se possa tornar o amor de Deus por Deus e pelos homens, e minhas lágrimas humanas possam cair de meus olhos como lágrimas do próprio Deus, porque brotam pela moção de seu espírito no coração de seu filho encarnado. Assim – o dom de piedade cresce na solidão, alimentado pelos salmos.

Quando se aprende isto, nosso amor pelos outros se torna puro e forte. Podemos ir ao seu encontro sem vaidade nem espírito de autocomplacência, amando-os com algo da pureza, da mansidão e do escondimento do amor de Deus por nós.

Esse é o verdadeiro fruto e o verdadeiro escopo da solidão cristã.

Série **Clássicos da Espiritualidade**

- *A nuvem do não saber*
  Anônimo do século XIV
- *Tratado da oração e da meditação*
  São Pedro de Alcântara
- *Da oração*
  João Cassiano
- *Noite escura*
  São João da Cruz
- *Relatos de um peregrino russo*
  Anônimo do século XIX
- *O espelho das almas simples e aniquiladas e que permanecem somente na vontade e no desejo do Amor*
  Marguerite Porete
- *Imitação de Cristo*
  Tomás de Kempis
- *De diligendo Deo – "Deus há de ser amado"*
  São Bernardo de Claraval
- *O meio divino – Ensaio de vida interior*
  Pierre Teilhard de Chardin
- *Itinerário da mente para Deus*
  São Boaventura
- *Teu coração deseja mais – Reflexões e orações*
  Edith Stein
- *Cântico dos Cânticos*
  Frei Luís de León
- *Livro da Vida*
  Santa Teresa de Jesus
- *Castelo interior ou Moradas*
  Santa Teresa de Jesus
- *Caminho de perfeição*
  Santa Teresa de Jesus
- *Conselhos espirituais*
  Mestre Eckhart
- *O livro da divina consolação*
  Mestre Eckhart
- *A nobreza da alma humana e outros textos*
  Mestre Eckhart
- *Carta a um religioso*
  Simone Weil
- *De mãos vazias – A espiritualidade de Santa Teresinha do Menino Jesus*
  Conrado de Meester
- *Revelações do amor divino*
  Juliana de Norwich
- *A Igreja e o mundo sem Deus*
  Thomas Merton
- *Filoteia*
  São Francisco de Sales
- *A harpa de São Francisco*
  Felix Timmermann
- *Tratado do amor de Deus*
  São Francisco de Sales
- *Espera de Deus*
  Simone Weil
- *Contemplação num mundo de ação*
  Thomas Merton
- *Pensamentos desordenados sobre o amor de Deus*
  Simone Weil
- *Aos meus irmãozinhos*
  Charles de Foucauld
- *Revelações ou a luz fluente da divindade*
  Matilde de Magdeburg
- *A sós com Deus*
  Charles de Foucauld
- *Pequena filocalia*
  Jean-Yves Leloup
- *Direção espiritual e meditação*
  Thomas Merton
- *As sete palavras do Cristo na cruz*
  São Roberto Belarmino
- *Tende o Senhor no coração*
  Mestre de São Bartolo
- *O Pão Vivo*
  Thomas Merton
- *O enraizamento*
  Simone Weil
- *Na liberdade da solidão*
  Thomas Merton
- *O sermão do Senhor na Montanha*
  Santo Agostinho

Conecte-se conosco:

- **f** facebook.com/editoravozes
- **◉** @editoravozes
- **🐦** @editora_vozes
- **▶** youtube.com/editoravozes
- **☎** +55 24 2233-9033

www.vozes.com.br

Conheça nossas lojas:

www.livrariavozes.com.br

Belo Horizonte – Brasília – Campinas – Cuiabá – Curitiba
Fortaleza – Juiz de Fora – Petrópolis – Recife – São Paulo

EDITORA VOZES LTDA.
Rua Frei Luís, 100 – Centro – Cep 25689-900 – Petrópolis, RJ
Tel.: (24) 2233-9000 – E-mail: vendas@vozes.com.br